Eurus

Notus

芦名定道 Sadamichi Ashina　小沢隆一 Ryuichi Ozawa

宇野重規 Shigeki Uno　加藤陽子 Yoko Kato

岡田正則 Masanori Okada　松宮孝明 Takaaki Matsumiya

学問と政治

学術会議任命拒否問題とは何か

Boreas

Zephyrus

岩波新書

1925

はじめに

この問題は現在進行形である。

二〇二〇年一〇月、当時の菅義偉政権によって本書の著者六名の日本学術会議会員への任命が拒否された。この事実は、現代日本に生きる私たちにとって重大な事件であった。この間、事態の深刻さを受け止めた様々な人々が、事件について声を上げてきた。

「外すべき者(副長官から)」

追及の過程の中で明るみに出た政府文書に記されていた文言である。

政権は、何を恐れて、このような挙に及んだのか。学問の自由と独立を侵し、法に違背してまで、この六名の何を忌避したかったのか。学問の自由はどこまで守られるべきなのか、政治の介入は許されるのか……。

事態の発覚から一年半の年月を経た今、ともするとこの問題に関するメディア等での議論は少なくなりつつあり、既に終わったことと思う人もいるかもしれない。

本文に詳細が記されているとおり、政治決定をめぐる経緯や責任の所在は依然として明らかにされておらず、情報公開請求については現在も継続中である。事実はいまだ黒く塗りつぶされている。

ことの本質は決して一過性のものでも、日本学術会議という組織だけに関わるものでもない。「ポスト真実」の時代において学問が果たすべき役割だけでなく、権力と法の関係、政治と専門家の関係といった民主主義社会の根幹をなす価値観について、私たちは再考すべき時を迎えているのではないだろうか。

本書は雑誌『世界』二〇二一年一二月号において組まれた特集「学知と政治」をもとに、各著者に大幅に加筆・修正いただいたものである。発行直後より大きな反響を呼んだ同号は、多くの書店で売り切れ、一時は入手困難ともなった。このことは、問題意識を共有する多くの読者が存在することを確信させてくれた。

本書では、任命拒否の対象とされた全六名が、問題の本質をそれぞれの専門的学知から多角的に論じている。各論考に通底しているのは、現在への危機感と未来への強い意志である。つまり、この学術会議任命拒否問題は私たちの社会の向かう先を占う試金石なのである。

この間、菅政権から岸田文雄政権へと変わったが、梶田隆章日本学術会議会長の申し入れに対して、岸田政権は実質的にまだ何も応えていない。
本書をきっかけとして、今後もこの問題の本質を問い続けていく必要がある。

二〇二二年三月

岩波新書編集部

目次

はじめに　(岩波新書編集部)

1　学術会議会員任命拒否問題の歴史的な意味……岡田正則……1

1　日本学術会議の設置と任命拒否に至る経緯　2

2　任命拒否の違憲性と違法性　5

3　首相による任命拒否理由の説明　9

4　問題の背景　11

直接的な背景／日本特有の事情／各国に共通の事情

5　問題の深層　18

ガリレオ裁判と任命拒否問題／科学的な自然理解と社会の統治原理

6　情報公開と自己情報開示の請求　24

7　展望　27

2　現代日本と軍事研究
――日本学術会議で何が議論されたのか……加藤陽子……33
1　はじめに　34
2　天皇機関説事件の争点　37
3　決裁文書と止めた政治主体　41
4　二〇一七年声明と戦争・軍事を目的とする研究に反対する過去二回の声明　44
5　安全保障と学術に関する検討委員会での討議　49
6　学術会議は何を代表するのか　53
7　「自衛」概念を定義することの困難性と議論の帰結　56
8　学術会議の在り方をめぐって　62
9　科学・技術を育む政治文化を目指して　66
3　反憲法政治の転換を……小沢隆一……73
明治憲法下の学問と教育／日本国憲法二三条の意義／学術会議の目的と独立性／道理のない任命拒否／学術会議事務局の文書について

／反憲法政治の転換を

4　日本学術会議会員任命拒否事件の現段階……………松宮孝明……87
岸田政権と「任命拒否」／任免拒否のために持ち出された法解釈／憲法一五条一項は公務員選任の「一般条項」ではない／憲法の曲解による総理独裁／任命拒否の背後にある学術軽視／繰り返されるコロナ禍対策の失敗／学術軽視がもたらすもの――コロナ禍対策と「共謀罪」を例に／学問の自由と学術政策／学問の自由は研究成果の公表の自由を含む／「学術会議のあり方」問題と「ステークホルダー」／「選択と集中」あるいは「成果主義的資源配分」政策の問題性／学術と政治のあるべき関係／任命拒否事件の現段階

5　ポスト真実の政治状況と人文知……………………芦名定道……117
1　はじめに　118
2　「ポスト真実」を掘り下げる　120
3　知恵思想から人文知へ　126
4　再度、日本学術会議問題へ　132

5　むすび——大学、ジャーナリズム、そして人文知　138

6　政治と学問、そして民主主義をめぐる対話……………宇野重規……149

1　「反政府的」であるとは、どういうことか　150
2　「学問の起死回生」に向けて　165

関連年表
巻末資料

1

学術会議会員任命拒否問題の歴史的な意味

岡田正則

1　日本学術会議の設置と任命拒否に至る経緯

二〇二〇年一〇月一日、菅義偉首相(当時。以下では省略)は、日本学術会議から新会員として推薦を受けた一〇五名のうち六名の任命を拒否した。日本学術会議法の制定からここに至るまでの経緯を大まかに示すと次のようになる。

一九四八年　日本学術会議法の制定
一九四九年　日本学術会議の設置(選挙制)
一九五〇年　声明「戦争を目的とする科学の研究には絶対従わない決意の表明」
一九六七年　声明「軍事目的のための科学研究を行なわない声明」
一九八三年　学術会議法改正(選挙制から学協会推薦制へ)
二〇〇四年　学術会議法改正(学協会推薦制から自己選考[co-optation]方式へ)
二〇一五年　安保関連法の制定、防衛装備庁の設置、安全保障技術研究推進制度の創設
二〇一七年　声明「軍事的安全保障研究に関する声明」(三月)

二〇一八年　内閣府内部文書作成・内閣法制局了解（九〜一一月）、補充人事拒否（一〇月）
二〇二〇年　第二五期会員任命に際し内閣総理大臣が六人を任命拒否（一〇月）

任命拒否問題の歴史的な意味をとらえるために、この経緯を三つの筋でみていくことにしよう。

一つめは、学術会議の設置と三回の「声明」である。第二次世界大戦以前の日本は、後に述べるように、学術を政治に従属させることによって戦争に突き進んでいった。また、学術の側も戦争遂行に加担する役割を果たした。こうした歴史の反省に立って、戦後の日本は日本学術会議という国家機関を設置した。日本国憲法を具体化するための法律である日本学術会議法は、その前文で、「わが国の平和的復興、人類社会の福祉に貢献し、世界の学界と提携して学術の進歩に寄与する」という設置目的を示すとともに、この機関が政府から独立して職務を行なうことを保障するために、その構成と運営方法を厳格に定めている。三回の声明は、このような戦後日本の学術の立脚点を各時期において明らかにするものであった。一九五〇年の「声明」は自らの使命を社会に対して表明し、一九六七年の「声明」は米軍の資金による研究が戦争目的につながることを警告し、二〇一七年の「声明」は防衛省の安全保障技術研究推進制度への対応には慎重な学術的考慮が必要とされることを確認している。任命拒否は、このような戦後日本の学術の立脚点と学術会議設置の意義を否定することへとつながるものである。

二つめは、会員選出方法の変化である。一九八三年以前は選挙による選出であったので、当選証書の交付で会員資格が確定していた。同年の法改正で会員の選出方法が選挙制から推薦制に変更されたことにともなって、内閣総理大臣の「任命」という資格確定の手続が加えられた。この「任命」は当選証書交付の代わりであることから、形式的なものにすぎない――つまり総理大臣は推薦通りの任命を行なう――というのが政府の公式見解であり、また国会答弁で確認された立法者の意思でもあった[1]。二〇〇四年の改正で、学術会議自身による選考および総会議決に基づく選出と推薦という現行のコ・オプテーション方式となったが、「任命」の趣旨に変更はなかった。したがって、この「任命」を拒否するという内閣総理大臣の行為は、違法な権限行使となるのである(この点については次の2で述べる)。

三つめは、二〇一五年の安全保障技術研究推進制度の導入以後の動向である。国内の学術・研究機関における研究がこの制度によって軍事目的の研究に誘導・動員されかねない状況に対して、二〇一七年の「声明」が出され、これに呼応して多くの大学等はこの制度による研究を受託しないこととした。政府(特に官邸)は、こうした動きを阻止し、大学等をこの制度に引き寄せるために、学術会議への人事介入という手段を用いたのだと考えられる。二〇一八年には、会員の補充人事を契機として、任命拒否のために後述の内部文書を準備した。任命拒否問題は、日本の学術の今後のあり方にとって試金石となるものなのである。

2　任命拒否の違憲性と違法性

日本学術会議は行政機関のひとつであるので、その法制度は、私が専門とする行政法学の研究対象に含まれる。任命拒否問題に遭遇するまで私はその法制度を検討したことはなかったが、遭遇後に日本学術会議法や憲法二三条(学問の自由)について調べることになった。そして、それらの制定の経緯や解説などを検討した結果、任命拒否は違憲かつ違法だと理解するに至った。この違憲性・違法性については、本書第3章でも詳しく論じられており、また私自身も述べたことがあるので(2)、ここでは簡潔に私の所見を示しておくことにする。

第一に、任命拒否は学術会議の独立性を侵害し、憲法の定める学問の自由を破壊するものだ、ということである。

憲法二三条は「かつての滝川事件(一九三三年)や、機関説事件(一九三五年)のような学問の自由を否認する事件の再発を防ぐ趣旨である」[3]し、また学術会議法一〜三条は、第二次世界大戦以前の日本の学術が政治に従属した結果、戦争遂行の手段にされてしまったという教訓から、学問の自由を支える組織的な基盤として、それゆえ政府から独立した自律的な国家機関として日本学術会議を設置したのである。今回の任命拒否は、こうした学術会議の独立性を否定し、学術を政治に従属させるためにその人事に手を出したものといわざるをえない。

誤解してはいけない点は、憲法二三条の学問の自由は個人が好きなことをやってよい自由とは異なる、ということである。国家によって妨げられることなく好奇心に基づいて研究を行なう個人的な自由は、思想信条の自由や表現の自由に含まれるのに対して、学問の自由は、学問を担う人たちが自分たちのやってよいことと許されないことを決める自律の上に成り立つ自由なのである。核兵器をつくる自由や遺伝子操作の自由は、社会のしくみの中で行なわれる限り、憲法上の権利として保障される個人の自由ではなく、専門家の自律的な判断によって、その範囲や方法が決められる自由なのである。

こうした自律的判断が政治に従属すると、学術は戦争遂行の手段や政治と癒着した企業の利潤追求の手段にされることになる。そしてその結果は、原子力技術や公害問題などの歴史が示しているとおり、たいへん恐ろしく、またグロテスクである。

第二に、任命拒否は、学術会議に委ねられた会員の選考権限を否定した点で違法である。日本学術会議法七条二項・一七条は、学術会議が会員候補者を選考・推薦し、内閣総理大臣がこの推薦に基づいて任命すべきことを定めている。

「推薦なのだから、その名簿に載っている人を外しても違法とまではいえないのではないか」という俗論がある。官邸（内閣府）と内閣法制局が二〇一八年に作成した内部文書も同様の見解をとっているが(4)、これは法令を無視したものである。任命に関する手続を定めている「日本学術会議会員候補者の内閣総理大臣への推薦手続を定める内閣府令」は、氏名だけを記載した名簿に基づいて総理大臣が任命すべきことを指示している。つまり、総理大臣は、会員候補者の所属も性別も研究分野も業績も、そして社会的活動も見てはならない状態で任命行為を行なうこととされており、それゆえ拒否の基準をもっていないのである。したがって、総理大臣による任命の拒否は恣意的で違法な行為と評価されることになる。これが、会員の任用が選挙制から任命制に転換した一九八三年の法改正以来の「形式的任命」という制度にほかならない。この種の〝選べない任命〟の例は、憲法六条の内閣総理大臣・最高裁長官の任命や同七九条・八〇条の裁判官の任命などにも見られる。菅首相による任命拒否は、このように明らかに法令に違反する行為なのである。

なお、学説において「①公務員としての欠格事由がある、定年年齢を超えていた、など形式要件が満たされていない場合、②「優れた研究又は業績がある科学者」の資格を欠く、ないし「会員として不適当な行為」（研究費不正使用やねつ造・改ざん・盗用等の研究不正行為など）があることが具体的に示される場合、ごく例外的に拒否できる可能性」を認める旨の見解があるが[5]、これは誤解であろう。右で述べたように、総理大臣は、推薦名簿からは欠格事由も研究費不正使用も知ることはできない。別のところから得た情報で推薦を覆す判断をするならば、推薦に基づかない行為になってしまう。また、そもそも当該情報の真偽を総理大臣が一存で判断することは許されないであろう。したがって、仮に総理大臣が欠格事由等の情報を得たのであれば、その旨を学術会議側に説明し、推薦名簿の差替えを通じてその者を排除する以外に解決方法はない。やはり「拒否できる可能性」は法令上認められていないのである。

第三に、この拒否は手続上も違法である。菅首相は記者会見で「今回の任命の決定にあたって学術会議から提出された推薦名簿を見ていない」と明言した（二〇二〇年一〇月九日の記者会見）。そうだとすると、今回の任命拒否は学術会議からの推薦名簿に基づいていないことになり、違法だということになる。おそらく「自分は名簿を見ていないのだから、説明する責任はない」と言い逃れをしようとしたのであろう。後日の国会答弁で、首相は「官房副長官から説明を受けていた」と言いつくろったのであるが、結局、「加藤氏以外の五人については、名前も研究業績も知らない」というのであるから、任命判断の基本的な前提が欠けていたことになり、その違法性は明白である。

付言しておくと、総理大臣は学術会議法七条三項によって一〇五名を任命すべき義務を負っている。それゆえ、六名について任命の義務を履行しない限り違法状態は続くことになるのである。

菅首相による任命拒否が明らかになった直後から、学術会議が総会で即時の任命と拒否理由の開示を求める声明を議決したのをはじめとして、一〇〇〇余の学協会からの批判・任命要請の声明、法政大学・東京大学・一橋大学などの学長の声明、大学関係機関・関係者の声明、日本弁護士連合会と全国のほとんどの弁護士会の声明、さまざまな市民団体の声明など、抗議の声が急速に広まった。

3　首相による任命拒否理由の説明

記者会見などで拒否理由の説明を求められた菅首相は、「総合的・俯瞰的」という言葉を唐突に用いるようになった。この言葉は二〇〇三年の総合科学技術会議の答申が用いたもので、その意味は、今後の学術会議の活動が〝人文・社会科学を含め、全学問分野を見渡す視点〟に基づいて行なわれるべきだ、ということにある。そうすると、人文・社会科学系の六名の排除は、「総合的・俯瞰的」な活動に逆行することになってしまう。また、会員候補者の選考に際して学術会議自身がこうした観点を含めて選考を行なったのであるから、「総合的・俯瞰的」な観点を根拠として首相がその選考を覆すことはできない。

答えに窮した菅首相は、臨時国会では、「会員の多様性の確保のためだ」との説明をし始めた。しかし、六名の任命拒否は、関西地域の候補者の排除、女性排除、私立大所属者の排除、若手排除なので、かえって多様性を否定する結果となっている。

すると今度は、「前例を踏襲すべきではないと考えたからだ」、「既得権益を打破するためだ」などと言い出した。しかし、これらは違法行為を正当化する理由にはなりえない。会員の任命は「前例」ではなく法令に基づいて行なわれてきたのであるから、踏襲しなければ違法である。また、学術会議会員に「既得権益」と呼べるようなものは何もなく、首相が「打破」したのは学術会議の正常な運営であった。

最後には、「人事に関することなので答えられない」、「個別の案件には答えられない」、「答えられることと答えられないことがあるんじゃないでしょうか」と言って逃げるだけになってしまった。しかし、説明が求められているのは「人事に関すること」ではなく、任命拒否の判断基準であるので「答えられること」である。かつて国立大学の学長の任命に関する判断基準が国会で問題とされた際に、文部大臣や内閣法制局長官は「明らかに法の定める大学の目的に照らして不適当と認められる場合」(公務員の欠格事由にあたるような場合など)には、理論上の問題として任命拒否ができないわけではないと答弁しているが(6)、このような判断基準すら説明できないのが、今回の政府の対応なのである。

4　問題の背景

直接的な背景

なぜ今回、政府は学術会議の人事に介入しようとしたのであろうか。その背景を考えてみたい。

歴史学者の加藤陽子氏は、今回の任命拒否問題の核心には、政府側が人文・社会科学を「科学技術・イノベーションの振興」という国家的な戦略に組み込もうとする動機があると指摘している。[7] 科学技術面での日本の立ち後れを挽回しなければならないという危機感から、二〇二〇年六月に科学技術基本法が抜本改正された。法律の名称が「科学技術・イノベーション基本法」となったことにあらわれているように、「イノベーションの創出」がこの法律のキーワードである。「イノベーションの創出」とは、「科学的な発見又は発明、新商品又は新役務の開発その他の創造的活動を通じて新たな価値を生み出し、これを普及することにより、経済社会の大きな変化を創出すること」とされ、そのために自然科学と人文科学との調和のとれた発展に留意すべきものとされている(同法二条・三条参照)。

元学術会議第一部長で法学者の小森田秋夫氏は、これに加えて、官邸による人事支配の拡大という背景があることを指摘している。[8] 二〇一二年に成立した第二次安倍政権は、政治権力の暴走を抑制するしくみを人事支配の拡大によって破壊してきた。内閣法制局経験のない外交官をその長官に任命するという慣行無視の人事、人事院の権限の削減(内閣人事局の設置による中央省庁の幹部人事の支配)、最高裁裁判官候補者の名簿差替えの要求、日本銀行やNHKの人事への介入などである。対象とされたのはいずれも、政府の施策に対する批判を含めて政府から独立した立場で見解を示さなければならない機関であるが、従前の慣行を無視して、その人事が政府への従属の手段として用いられるようになってしまった。学術会議の場合には、学術会議法の歯止めがあるにもかかわらず、今回の任命拒否によって政府はこれを破壊しようとしているのである。そして、公文書管理については、森友・加計・桜などの事件で、文書の隠蔽、改ざん、廃棄などが官邸の指示の下で行なわれた。政治が行政を支配下に組み入れ、さらに社会団体と学術にまで支配を及ぼそうとしているのが現状だといえる。[9]

このような動きと並行して、全国の国公立大学が人事を通じて政府に従属する事態が進んでいる。二〇〇四年の国立大学の法人化以降、各大学は運営費交付金の削減によって「経営」重視を迫られるとともに、新たに設けることとなった経営協議会を通じて、学外の財界人や天下り官僚が政府・文部科学省の意向を大学において実施させるしくみがつくられた。さらに、学外委員が半数を占める学長選考会議によって、その意向を体するような者が学長とされ、大学運営がトップダウン型に変質しつつある。そうした中で、大学にとって必須の自治的な意思決定は抑圧され、運営の中枢を握ったこれらの者による大学の「私物化」が進行しているのである。[10]学術会議に対する政府の人事介入は、国公立大学で進行しつつある事態の中央レベルでのあらわれとみることができよう。

問題の背景にあるこのような動きは、いかなる経緯で生じてきたのであろうか。その事情をさらに考えてみよう。

政治に対する学術の従属については、まず、この両者をめぐる日本特有の歴史的事情をふまえる必要がある。

日本特有の事情

日本の政治制度と学術は、七世紀の律令国家以前の時代から強力な文化輸出国(中国)の影響の下で形づくられてきた。日本の学術は〝知識の輸入〟に依存するとともに、その窓口となる政治と緊密に結びつく伝統をもつようになったのである。このような学術と政治との関係は、何よりも日本の学術用語にあらわれている。外来語であることを示す「漢字」の音読み——外国語読み——の言葉なくしては日本では学問が成り立たず、生活用の訓読みの言葉で学術的な概念が言い表されることは稀である[11]。つまり、日本の学術は、政治の側に密着した言葉で、それゆえ人々の日常生活との結びつきを欠いた言葉で営まれてきたのである。

学術と政治とのこうした関係は、明治時代の近代化の過程で再編・強化された。西洋由来の学術用語は漢字熟語で翻訳され、法令や判決などの公文書は漢字とカタカナ(漢文翻訳の補助文字)で埋め尽くされた[12]。さらに、一八八六年の帝国大学令は「国家ノ須要ニ応スル」教育・研究を大学の使命とした。こうして近代日本の学術は、イノベーション(新機軸)よりも〝輸入〟

を尊重する一方、国家の政策に密着する関係に置かれたのである。今日でも、学術論文において、「日本」を言い表す言葉として「わが国」という表現――自分と国家を同一化する表現――を用いる例をしばしば見かけるが、これは、「国家のための学問」という帝国大学令の呪縛が現在にまで及んでいることを示していると思われる。

第二次世界大戦後、法令や判例の漢字・カタカナ表現は改められ、「学問の自由」は保障されたものの、イノベーションよりも〝輸入〟を尊重するという状況は続いた。そして、二〇世紀の終わりごろになって、〝輸入〟依存の状況の行き詰まりが認識されるようになった。そこで政治の側は、科学技術の「イノベーション」を求めて、再び学術に接近してきたのである。

各国に共通の事情

一方、「イノベーションの創出」は、各国共通の課題でもある。この間、人々の社会的な関係がグローバル化する中で、世界各国は、いわば〝国家の生き残り戦略〟として企業活動に対する規制を緩和して、人間の生活・生存の基盤そのものを利潤追求の対象に組み込む施策をとるようになった。いわゆる新自由主義である。そして、インターネットや個人情報の集積によって、公共機関も民間企業もますますその基盤に深く関わることを通じて利潤追求のしくみを拡大するような状況、あるいは巨大プラットフォーマーとされる企業が世界経済を左右するような状況が生じている。「イノベーションの創出」は、このような〝資本主義の非物質化〟[13]とも呼ばれる状況変化を制御するためではなく、むしろ、それに沿った「科学的な発見又は発明、新商品又は新役務の開発その他の創造的活動」をめざすためのものとされている。国家はその成果を自国の経済に取り込むことによって、経済社会の司令塔の役割を果たそうとしているものと考えられる。

しかし、「イノベーションの創出」が結局は人間の生活基盤を利潤追求の対象にするものであるとすると、人々はさまざまな形でこれに抵抗せざるをえない。消費者運動や環境保護運動、社会保障施策を求める運動、ジェンダー平等や性の自己決定の尊重を求める運動、世界規模での公正な取引と労働者保護を求める運動などである。少子化や過労死、あるいは難民問題への対応策も、こうした脈絡の中で考えられなければならないであろう。人文・社会科学は何らかの仕方でこれらに関わることになるが、それを国家の側からコントロールしようとすれば、学術への政治の介入は必然となる。近年の世界の国々において「法の支配」が経済社会に対しては機能しているものの、政治・行政に対して機能しなくなりつつあることは、これと軌を一にしている。[14]

学術への政治の介入は、現実にはイノベーションをかえって押しつぶしてしまう結果をもたらす。というのは、その介入は政治の側が設定した枠に学術をはめ込むことになるからである。〝選択と集中〟という介入の方法が用いられる場合でも、ほんとうに新規なものは選択の枠から外れることがほとんどなので、学術の中で試みられなくなってしまい、新規なものは生まれない結果となる。また、軍事での研究成果の活用という目標の設定は、それが排外主義と秘密主義を特徴とするので、留学生や国際共同研究の排除をもたらす。現に、各大学では、「安全保障輸出管理」という名称の下で、研究と教育に対する政府の監視が進んでいる。政治的な管理と研究活動の萎縮の下では、学術は窒息してしまう運命にある。

こうした状態を打開する途は、国策のための学術の管理や〝選択と集中〟ではなく、人類社会と将来世代のための貢献・寄与、という途であろう。自由な発想と世界に開かれた学術のあり方こそが、真の意味での「イノベーションの創出」につながるのである。

5　問題の深層

ガリレオ裁判と任命拒否問題

学術への政治の介入の歴史的な事例として多くの者が想起するのが、ガリレオ裁判であろう。「日本学術会議会員任命拒否についてイタリア学会による声明」もガリレオ裁判に言及している。「一六三二年ガリレオ・ガリレイが『天文対話』を完成させた時、ローマ教会は検閲を行ない、教皇ウルバーヌス八世とイエズス会士はこれに激怒し、同書を禁書にした。ガリレオはローマの異端審問所で証言するよう出廷を命じられ、翌年、六ヶ月にわたる裁判を受けさせられた。ガリレオは自分の誤りを認めさせられ、異端審問官の前で研究を放棄するよう宣誓させられた。そしてフィレンツェ近郊で残りの九年の生涯を軟禁状態で過ごすことになる。教会の決定に疑義を挟むことなどあってはならず、時の権力に反する主張は時の権力の判断によって封殺された(15)」。

ここで私たちが少し考えるべきなのは、ガリレオの研究への介入が裸の暴力ではなく、裁判という形式――異端審問の形式――で行なわれた点である。なぜこのような形式が用いられたのであろうか。裁判の特質が次の諸点にみられること、すなわち、①その目的が個別事件の解決を通じた社会秩序の回復にあること（消極的な役割）、②権限行使の規準が普遍的なルールであること（普遍的な妥当性）、③権限行使の担当組織と手続が第三者的な公正さと専門性の下で運営されること（専門性に基づく公正さ）に照らして、[16]検討してみよう。

まず、右の②③から、介入の結果に正当性をもたせるためという理由を挙げることができる。普遍的なルールを根拠として審問の理由を説明し、反論の機会を与え、審理を通じて自分の誤りを認めるように導くのであるから、多くの者は、その結果を公正な手続に基づくものとして受け入れることになるであろう。少なくとも、そのような外観を装わせることはできるし、社会からの反発を最小限に抑えることもできる。

次に、右の①から、学術に対する介入の方法として、個人を引き立てるという審問の構造が有効だったという理由が考えられる（ただし近代的な裁判の構造と比べると、弁護人は存在せず、非公開である点で異なる）。一定の学術の担い手を社会的なつながりから切り離し、孤立した状態にさせれば、学術に対する介入を個人の問題に矮小化することができる。そして、審問の下でその者がどんな学説を信奉しても、あるいは捨て去っても、それは個人の問題とみなされるので、屈服させやすい。一方、そこで捨て去られた教義を異端とすれば、見せしめの効果は大きい。

第三に、右の③に依拠することにより、介入の真の目的を隠したままで介入できるという点も、見逃してはならない。ガリレオが有罪とされた理由――そして「自分の誤り」として認めさせられた点――は、異端の疑いがある説の出版等を禁止した命令に彼が違反したことである。一六一六年に出された禁止命令に彼は同意していたのであるが、この命令に反して『天文対話』を出版したことが有罪の理由とされたのである。しかし、地動説そのものは有罪の直接の理由とされていなかった[17]。なぜそうなったのであろうか。もし地動説が正しいか誤っているかが審問の焦点になると、審問する側がその誤りを立証する責任を負うことになり、たとえ聖書の記述に基づくとしても、それを立証することが困難となり、有罪とすることができなくなってしまう可能性が高いからである。

この種のいわば論点ずらしの技術は、現在でも用いられている。たとえば、卒業式等の君が代斉唱時における教職員の不起立については、不起立そのものではなく、起立せよという職務命令に違反したことを理由として、職務管理者は懲戒処分を行なう。あるいは、「慰安婦」少女像のような展示物については、展示物そのものではなく、それをめぐる騒乱の回避を理由として、会場管理者は展示を拒否する。介入の真の目的をブラックボックス化することにより、秩序維持という理由の下で、さまざまな意図での介入が可能になるのである。

では、任命拒否問題において、右に挙げたような介入の形式にかかわる諸点はどのように処理されているのであろうか。以下、簡単に確かめておく。

まず、任命拒否をめぐっては、公正さの外観の代わりに行政組織内部の問題という外観によって、社会からの反発が抑えられている。つまり、政府はこの問題に特別職国家公務員の任用問題および行政機関の組織改革問題という外観を与えることにより、学術への介入を正当化しようとしているのである。加えて、政府は、学術会議をあたかも政策決定機関であるかのように演出することによって、学術への介入であることを覆い隠そうとしていると思われる。

次に、個人を引き立てて見せしめにする構造には類似性がある。この構造は、学術を担う人々に対して萎縮効果を生じさせるだけではなく、介入の原因が個人の側にあるかのような誤解を生じさせることも可能にする。こうした誤解の結果、報道関係者らは任命拒否の対象者に対して「任命拒否に心当たりはあるか」と質問するように仕向けられたのである。

第三に、学術会議人事への介入の真の目的は隠されたままである。任命拒否の理由が正面から問いただされるならば、目的の点でも介入の不正な意図が明らかにされることになるので、介入が不可能になってしまうからだと考えられる。後述のように、任命拒否にかかわる情報公開と自己情報開示の請求がなされたが、これに対しても、徹底した情報隠しが続けられている。

科学的な自然理解と社会の統治原理

ガリレオ裁判については、ローマ教会の介入の意図が地動説の禁止にとどまらないものであったことにも、私たちは注意を向ける必要がある。この点について、科学史学者の田中一郎氏は、「教皇が提議した問題〔ガリレオの研究が神の全能に抵触する問題となりうること〕は、地動説が『聖書』の記述に反しているというレベルをはるかに超えて、キリスト教の根幹にかかわる深刻なものだったと考えなければならない。……教皇にとって、科学的手法による自然の理解がすべてで、他は排除されるべきだというガリレオの考えは受け入れがたかったのである」と指摘している。[18] このような介入の意図を社会の統治原理の側から述べるならば、《合理的な秩序を有する永遠不変な世界の下では、その世界を超える知見やその世界を変革することになる知見は、危険思想として封殺すべきものと位置づけられる》ということになろう。ガリレオの研究は、物体の運動や時間・空間の態様を――さらにいえば後の連続体問題を――精密に理解しようとする試みであったが、これは有限な人間が科学的手法で自然という無限の世界を直接理解する試みでもあったと考えられる。こうした試みが封殺された結果、イタリアにおける学術は停滞し、経済も没落した。その代わりとなったのがイギリスやドイツであり、ガリレオの研究を受け継いだ者たちはそこで微積分学をはじめとする近代科学を開花させ、新たな産業の基礎を築いたのである(19)。

日本における近年の学術の停滞と学術会議会員任命拒否問題とは、おそらく無関係ではない。学術への政治の介入は、前述のようにイノベーションを押しつぶすことになるが、それにとどまらず、学術に政治の枠をはめ込むことによって、学術を担う人々の自律的な活動を阻害し、社会における学術の役割を縮小させる。特に軍事は、その性質上、上意下達と秘密主義・排外主義を行動原理とするので、軍事目的での学術への介入は、研究の自主性・自律性、学術組織の自治と民主性、研究成果の公開性といった学術の本質的な部分を封殺することになる。「我が国の経済社会の発展と国民の福祉の向上に寄与するとともに世界の科学技術の進歩と人類社会の持続的な発展に貢献する」（科学技術・イノベーション基本法一条）という目的のために必要なのは、政権の政策目的や軍事目的に基づく学術の動員ではなく、世界を理解しようとするさまざまな試みを支援するための基盤を拡充することであろう。

6　情報公開と自己情報開示の請求

二〇二一年四月、法学者と弁護士一一六二名は、内閣官房と内閣府に対して任命拒否の根拠等に関する情報公開を請求した。また同日、任命拒否の対象とされた六名もこれらの機関に対して任命手続に関わる自己情報の開示を請求した。

情報公開請求に対して、内閣官房は「文書不存在」、内閣府は一部の事務文書を黒塗りで開示したものの根拠に関しては「文書不存在」という理由で不開示の決定を行なった。また自己情報開示請求に対して、内閣官房は同じく「文書不存在」、内閣府は「存否応答拒否」という理由で不開示の決定を行なった。そこで、これらの請求者は、内閣官房・内閣府の不開示決定を不服として、同年八月に内閣総理大臣に対する審査請求を申し立てた。

情報公開と自己情報開示のいずれについても、内閣官房は「文書不存在」と決定したが、「外すべき者(副長官から)R2・9・24」と手書きされた文書(図)から明らかなとおり、内閣官房副長官が任命拒否に関わる文書を取得して、使用していたことは確実である。この副長官は、おそらく一〇五名の会員候補者全員を調べた上で、「外すべき者」を選び出したのである。そ

外すべき者（副長官から）　R2.9.24

[redacted]

うすると、仮に現時点で「文書不存在」になっているとしても、どこかの時点で関係文書を廃棄または移管していなければならない。この点が明らかにされない限り、副長官の手元に現時点でも文書が存在すると推認されることになる。また、文書管理について違法な処理が行なわれた疑いもある。

内閣府が一部開示した黒塗り文書は、臨時国会の閉会後に参議院予算委員会に提出された文書とほぼ同じである。判断の内容に関わる部分はすべて黒塗りである。拒否の根拠となりうるような資料は含まれていない。数百箇所にわたる不開示部分のそれぞれについて、なぜ隠さなければならないのかを問いただす必要がある。

自己情報開示の請求に対する「存否応答拒否」という内閣府の不開示決定の理由は不可解である。拒否理由の説明は、「開示請求のあった保有個人情報は、その存否を答えること自体が、〔行政機関個人情報保護〕法第一四条第七号ニにより不開示とされる公正かつ円滑な人事の確保に支障を及ぼすおそれがある情報を開示することとなる」ということであるが、第一に、ここにいう「公正かつ円滑な人事の確保に支障を及ぼすおそれ」とは何かがまったく明らかにされていないため、実質上、理由のない不開示決定となっている点で、この決定は違法である。第二に、「人事管理に係る事務」を担当するのは日本学術会議であるから、内閣総理大臣の任命行為について「支障を及ぼすおそれ」が生じることはないのであり、それゆえこのような不開示の理由は成り立たないのである。

今後、審査請求の手続の中で、これらの問題点を明らかにしていかなければならない。

7　展望

最後に、日本における学術と政治との関係を健全なものにしていくための途を示すことにしたい。

まず、政治・行政の過程において学問の成果が正当に活用されるようなしくみを整えなければならない。そのためには、「政府が自分に都合のよい人を審議会の委員として選ぶのは当たり前」という一部の〝常識〟を改める必要がある。

審議会は、単に専門家の知見を政治の場で活用するという役割だけでなく、その知見を基準として政治の場での判断を検証するという役割も担っている。また、専門の立場をとおして市民を代表するという役割も期待されている。したがって、審議会などへの専門家の選任にあたっては、その基準と手続を明確化することが必要であろう（今回の学術会議会員の任命拒否は、明確な基準と法定の手続に基づく選任を恣意によって覆すものであり、この点でも許されないものである)。

次に、専門家と市民との関係も見直していく必要がある。「トランス・サイエンスの時代」(科学的に問うことはできるが、科学だけでは答えることのできない問題群が多数生じている時代)と特徴づけられる現代においては、専門家の判断は特権的な地位を占めることはできない。原子力発電所の安全性に関する評価のように、事故の可能性がゼロに近いと専門家が判断しても、市民参加の下でそれを受け入れるか否かを判断できるしくみが必要とされる。審議会や裁判のような閉じられたフォーラムだけでなく、「コンセンサス会議」(社会的に議論のある科学技術の評価を市民参加の下で行なう一連の会合)の提案にみられるような開かれたしくみの制度化が試みられるべきであろう[20]。

そして、学問の自由が担うべき「社会的公共」を政治の場に反映させるしくみも考える必要がある。現在の民主制は、有権者となっている「国民」の意思を政治に反映させることはできるが、国外の人々や将来世代の人々の意思を取り込める仕様にはなっていない。グローバル化した社会関係や持続可能性についての考慮が求められる現代において、私たちは、このような民主制の構造的な欠陥を何らかのかたちで是正しなければならないと考えられる。「人類社会の福祉に貢献し、世界の学界と提携して学術の進歩に寄与する」(日本学術会議法前文)という学術会議の使命は、こうした是正の役割を日本の学術に対して指し示しているといえるであろう。

（1）たとえば、一九八三（昭和五八）年五月一二日の第九八国会参議院文教委員会での中曽根康弘首相や政府委員等の答弁を参照。また同年五月二日付「日本学術会議関係想定問答」の（問一七）では「内閣総理大臣は、日本学術会議の職務に対し指揮監督権を持っていない」、「〔内閣総理大臣の〕指揮監督権の具体的な内容としては、予算、事務局職員の人事及び庁舎管理、会員・委員の海外派遣命令等である」とされている。

（2）岡田正則「日本学術会議会員任命拒否の違憲・違法性」法と民主主義五五四号（二〇二〇年）一三頁（改訂版が『ストップ!! 国政の私物化――森友・加計、桜、学術会議の疑惑を究明する』（あけび書房、二〇二一年）第六章）、同「日本学術会議会員任命拒否問題の本質と問題解決の方途」法学館憲法研究所報二三号（二〇二一年）一〇四頁など。

（3）宮澤俊義（芦部信喜補訂）『全訂日本国憲法』（日本評論社、一九七八年）二五八頁。

（4）内閣府日本学術会議事務局名で作成された「日本学術会議法第一七条による推薦と内閣総理大臣による会員の任命との関係について」（平成三〇年一一月一三日）。

（5）松田浩「日本学術会議と憲法秩序――会員任命拒否問題の基層」法律時報九四巻二号（二〇二二年）七五頁。

（6）一九六九年七月二四日衆議院文教委員会、一九七三年六月二七日同委員会などでの答弁。

（7）加藤陽子『この国のかたちを見つめ直す』（毎日新聞出版、二〇二一年）二八頁以下。
（8）小森田秋夫『日本学術会議会員の任命拒否――何が問題か』（花伝社、二〇二一年）六九頁以下。
（9）森友学園への国有地の売却、加計学園（岡山理科大学）の獣医学部設置申請の認可、首相主催の「桜を見る会」への招待等をめぐって第二次安倍政権の下での首相縁故者への優遇措置が問題とされた事件。
（10）駒込武編『「私物化」される国公立大学』（岩波ブックレット、二〇二一年）で、下関市立大学・京都大学・筑波大学・大分大学・北海道大学・福岡教育大学・東京大学の実情が報告されている。
（11）田中克彦『言語学者が語る漢字文明論』（講談社学術文庫、二〇一七年）第三章など参照。
（12）この間の事情については、柳父章『翻訳語成立事情』（岩波新書、一九八二年）、丸山真男・加藤周一『翻訳と日本の近代』（岩波新書、一九九八年）など参照。
（13）諸富徹『資本主義の新しい形』（岩波書店、二〇二〇年）第一章。
（14）J・R・シルケナートほか編著（岡田正則ほか編訳）『法の支配と法治主義』（早稲田大学比較法研究所／成文堂、二〇二〇年）四九七頁（編訳者あとがき）参照。
（15）「日本学術会議会員任命拒否についてイタリア学会による声明」の「理由」（イタリア学会会長・藤谷道夫氏）。人文社会系学協会連合連絡会編『私たちは学術会議の任命拒否問題に抗議する』（論創社、二〇二一年）八五〜八六頁。
（16）これに対して政治部門である立法と行政の特質は、目的は合意による社会秩序の形成（積極的な役割)、規準は権力者の意思または構成員の多数の意思(便宜的な妥当性)、担当組織と手続は目的に応じて可変的(合目的性)、という点にみられる。
(17) 田中一郎『ガリレオ裁判――四〇〇年後の真実』(岩波新書、二〇一五年)第一〇章参照。
(18) 田中・同前一二四〜一二五頁。
(19) ガリレオ裁判前後の状況からイギリスにおける近代科学の展開に至る過程を叙述したアミーア・アレクサンダー(足立恒雄訳)『無限小――世界を変えた数学の危険思想』(岩波書店、二〇一五年)が参考になる。
(20) 小林傳司『トランス・サイエンスの時代』(NTT出版、二〇〇七年)第五章。

2

現代日本と軍事研究

――日本学術会議で何が議論されたのか

加藤陽子

日本学術会議任命拒否事件。図らずも筆者は任命されなかった六人(全て人文・社会系)のうちの一人となった。

1　はじめに

鈴木淳(専門は日本近代史)と古川隆久(専門は日本経済史)が発起人代表となって、二〇二〇年一〇月三日から開始した任命拒否撤回を求めるネット上の署名は同月一二日の期限までに一四万筆を超え、その翌日内閣府に提出された(古川 二〇二〇)。文理を超えての学協会からの声明は一〇〇〇を超えたが(日本民主法律家協会 二〇二〇:巻末資料一二〜一六)、なかでも人文・社会系研究者が抱いた危機感には大きなものがあり、広田照幸(専門は教育学)を中心として一一月六日、人文社会系学協会連合連絡会が組織され、共同声明の発表、学会代表の会見がなされた。声明を寄せたこれらの学協会は三〇〇を超えた(人文社会系学協会連合連絡会 二〇二一:五)。

政治の側からの学問の自由への干渉に対し、職域や専門を超えて学問を支える知的共同体がいかに動いたのかを、二一世紀に生きる私たちは図らずも目にすることとなった。ここにいう知的共同体とは、三谷太一郎(専門は日本近代史)が『人は時代といかに向き合うか』(三谷 二〇一四：三一五）で描き、木庭顕（専門はギリシャ・ローマ法）が「知性の尊厳と政治の存亡」という題名で評した（木庭 二〇一八）中核的な概念だ。木庭は三谷の著作を「非政治的な知的階層の（政治的な）重要性」に光を当てた作品と評した（同前：七〇）。三谷のいう知的共同体をあえて筆者の言葉で説明すれば、非政治的な道徳感情を持つゆえに、時に政治的社会を動かす力を持ちうる普通の人々および彼ら彼女らと同じ「信条体系」に立つ知的階層といえようか。

一九三五年に天皇機関説事件が起きた時、知的共同体の水脈は既に枯れていた。自由主義的言論人の清沢洌《きよし》はこれに対して、「美濃部（達吉）博士に対し右翼は直ちに結成《ママ》するが、かれの意見に賛成する者は少しもバックしない」と嘆いたが（清沢 二〇〇二：三八一）、今回の一件ではこの嘆きを反復せずに済んだ。とはいえ社会の受けとめ方は多様であり、村上陽一郎（専門は科学史）は「実際、今回の件で、自分の学問の自由を奪われた人は、一人もいません。（中略）希望の就職の機会を奪われたことになるわけですが、（中略）採用されなかった人に、その理由を細々と論《あげつら》って説明する義務は、選考側には通常は無い」と断じた（村上 二〇二〇）。人事の問題だとしたこの論は、学術会議会員の推薦が日本学術会議法（第一七条、第七条二項）と、その推薦手続きを定めた内閣府令に規定されている事実を閑却した論であり（小森田 二〇二一：二一）、加藤勝信内閣官房長官（当時、以下同）の定例記者会見での常套句「人事に関することであり回答は差し控える」と、結果的には見事な呼応をみせていた。

一方、本問題を学問と政治の問題、学問内容に権力が介入した事例として受けとめ、一六三二年にガリレオ・ガリレイが『天文対話』を完成させた際の教会権力による封殺に比した見方も出された。藤谷道夫(専門はイタリア学)は「ガリレオを持ち出すのは大げさであり、学者はそうした政治的な喧噪から離れて研究をしていれば」よいと思う人がいるかも知れないが、と断りながらも「問題の本質は、時の権力が「何が正しく、何が間違っているかを決めている」点において、ガリレオ裁判と変わりない」(人文社会系学協会連合連絡会 二〇二一:八八)とイタリア学会の会長声明として述べていた。

この藤谷道夫の声明とともに世の注目を引いた声明をあと二つ紹介しておきたい。一つめは、日本科学史学会会長・木本忠昭(専門は科学技術史)によるもので、「政治的判断基準を導入して、一部の科学者を排除するならば、彼ら科学者に求められている中立的な科学的究明活動は阻害され、結局は国民の期待に添えないことになりかねない」(人文社会系学協会連合連絡会 二〇二一:一五二)というもので、科学者の研究活動と国民の福利の増進の関係に注意を促していた。

続いて、上代文学会常任理事会による声明文を挙げる。声明は「私たちは、かつて津田左右吉の『古事記』『日本書紀』研究が国家権力によって弾圧された経緯を熟知しています。「神武紀元二千六百年」の虚構性を暴露するものだったことが当時の国策に抵触したのでした。戦後の上代文学研究者は、日本史研究者とともに、津田の受難を二度と繰り返さないことが研究発展のために必須であると考え、そのために相互努力を惜しまないことを不文律としてきました」(同前：八二)というものだった。この声明は文末の「頼むから日本語をこれ以上痛めつけないでいただきたい」との一句の力が特に注目を集めたことで、例外的に多くの人々に読まれた声明となったが、戦前期における学問思想への弾圧を、現代においても我が事と捉え続けてきた理性の存在があること、理性によって維持されている知的共同体が在ることを、はからずも世の中の人々は知ることとなった。

2　天皇機関説事件の争点

時の権力によって何が正しく何が間違っているかが決められた例を歴史に求めれば、先述の天皇機関説事件に極まる。一九三五年二月、貴族院においては菊池武夫議員が、衆議院においては江藤源九郎議員が、機関説を講じた美濃部を学匪《がくひ》だと非難し、美濃部説を容認する岡田啓介内閣を批判したことに端を発した思想統制事件だ。攻撃の口火を切った議員らの背後には、軍部、野党の立憲政友会、在郷軍人会、右翼、枢密顧問ら広範な政治勢力の存在があった。同年四月、政府は美濃部の著作『逐条憲法精義』など三冊を出版法第一九条の「安寧秩序を妨害するものと認め」て行政処分の一つである発禁処分とした(宮沢 一九七〇・上：一一九)。最終的には起訴猶予とされたが、行政処分に続いて司法当局が、機関説を出版法第二七条の「安寧秩序を妨害する」犯罪だとしたのは注目される(同前：三二七)。

ここで見ておきたいのは、時の権力が美濃部の著作と機関説に立つ著作を排除すべきだとしたその理由についてである。陸軍士官学校を卒業し、日露戦争への従軍経験があった江藤は、機関説という字句が不敬だなどとした雑駁な批判をしたのではなかった。江藤は「(開戦というときに)国民が、いや今度は戦なんか出来ないと言って、此詔勅に対して非議論難してもよいのか、と斬り込んだ。美濃部が『逐条憲法精義』中の大日本帝国憲法第三条「天皇ハ神聖ニシテ侵スヘカラス」の説明で、憲法発布により国務に関する詔勅は国務大臣が責任を負うのだから、「天皇の大権の行使に付き、詔勅に付き、批評し論議することは、立憲政治に於いては国民の当然の自由に属する」と述べていた(美濃部 一九二七：一一六)ことを踏まえての問いであり、開戦を告げる詔書に国民は反対しうるか否かという、耳目を引く究極の問い方で批判の火蓋は切って落とされた(以下、引用文中の旧字体は新字体に改めた)。

起訴まで視野に入れていた司法部の見方は、三五年九月一八日付で外務省調査部が作成した文書「極秘　最近ノ国内情勢　天皇機関説問題ニ対スル司法当局ノ態度」(アジア歴史資料センター Ref.B13080957700)から窺える。美濃部は同年九月の召喚時に「満洲事変当時、林〔銑十郎《せんじゅうろう》〕朝鮮軍司令官カ勅命ニ依ラスシテ出兵シタルハ統帥権干犯ニシテ、其罪極メテ重キ不法措置ナルニモ拘ラス、是カ義挙トシテ讃美セラルルハ変態的時世ナリ」と陳述し、機関説排撃も「変態的時世」の所産だとした美濃部の言に検察当局が「失望」したとの記述が登場する。また、出版法での起訴は、著書が大衆に及ぼすべき影響が問題なのであって著者の犯意は関係ないとする当局の見方など、現代においても示唆的だろう(傍点筆者、以下同じ)。

検察当局が問題視したのは、大衆が美濃部の著作を読めば「皇室の尊厳」について「誤解」するとの危惧であり、以下の二点の例示がある。①憲法第七条「天皇ハ帝国議会ヲ召集シ其ノ開会閉会停会及衆議院ノ解散ヲ命ス」の説明部分。「帝国議会は国民の代表者として国の統治に参与するもので、天皇の機関として天皇からその権能を与へられて居るものではなく、随つて原則としては議会は天皇に対して完全なる独立の地位を有し、天皇の命令に服するものではない」(美濃部　一九二七：一七九)。②憲法第五五条「国務各大臣ハ天皇ヲ輔弼《ほひつ》シ其ノ責ニ任ス」の説明部分。「国務大臣の進言に基かずして、単独に大権を行はせらるゝことは、憲法上不可能である」(同前：五一二〜五一三)。

時の権力によって何が正しく、何が間違っているかが決められた例として、機関説事件の例を振り返れば、間違っているとされたものと権力との間には、死活的に重要な対立構造が事実の問題としてあったと気づかされる。教会の権力とガリレオの説く地動説、天皇の権威を隠蓑とする軍官僚の権力と美濃部の説く立憲政治。美濃部は立憲政治を「民衆的政治であり、責任政治であり、法治政治」(美濃部　一九二七：序五)と捉える一方、自らに敵対する勢力による議論の本質もよく理解していた。「国体を理由として、現在の憲法的制度に於ける君権の万能を主張するが如きは、全然憲法の精神を誤るものである。殊に君主の大権は常に官僚の輔翼《ほよく》に依つて行はるゝのであるから、国体を理由とする君権説の主張は、其の結果に於いては、常に官僚的専制政治の主張に帰する」(同前)のだと。機関説をめぐる攻防とは、官僚的専制政治(この場合は軍部が中心となった軍官僚的専制政治)を選ぶのか、民衆・責任・法治政治を選ぶのか、をめぐる対立と緊張関係を、その内実としていた。

美濃部の学知は学問研究の精進の賜に他ならない非政治的な営為だったが、その学知が現実の政治過程上で果たす機能は、時に政治的な対立を招来した。政治的な行動を美濃部が採ったゆえに、政治権力から美濃部が排除されたとの見方は間違っている。

以上の考察を踏まえて今回の学術会議一件を振り返れば、六人の任命拒否に端を発した政府・与党自民党側からの学術会議への干渉・改革要求の裏面には(加藤 二〇二二)、学術会議がこれまで示した学知と緊張関係に立つ政治の側の認識があったものと推測できる。それが何であったのか、本論考ではこの問題を学術研究と安全保障政策との関係から考察したい。

3　決裁文書と止めた政治主体

学術会議事務局から筆者に連絡が入ったのは二〇二〇年九月二九日夕刻だった。任命拒否が世に伝わる一〇月一日の二日前にあたる。この日をよく記憶しているのは、勤務校である東京大学の総長選挙意向投票が実施される九月三〇日の前夜だったからだ。小宮山宏(元東大総長)を議長とする総長選考会議の審議過程への疑義が発端となり、一五部局長連名による選考会議宛要望書(九月二四日付)が出され、同会議の回答いかんによっては投票延期・中止もありうる事態で、大学の構成員には緊張が走っていた。だが小宮山らからの回答の結果、今後一層の検証を進めるとの条件で、予定通り意向投票が実施される見込みとなったのがこの二九日のことだった。

二〇一四年の「改正国立大学法人法」によって権限が強化された総長選考会議は、本来は大学のガバナンス体制の枠外組織であり、そのうえ特定の人々が複数の大学の委員に就任する事例も多く、問題の多い制度だと知られるようになっていた（駒込 二〇二一、阿部 二〇二一）。しかも、「科学技術基本法」が二五年ぶりに全面改定されて「科学技術・イノベーション基本法」となり、第六期科学技術・イノベーション基本計画も二〇二一年春から開始予定（広渡 二〇二二）で、研究者を取り込もうと図る国家の意志が尋常ならざる時期に、本問題は起こった。

一〇月一日夜、筆者は主として次の二点を新聞に寄稿した。①首相が学術会議の推薦名簿の一部を拒否するという前例のない決定を何故したのか、この決定の背景を説明できる決裁文書は存在するのか、②もし仮に、最終盤で「止めた政治主体」がいるならば、その行為は「任命」に関しての裁量権の範囲を超えた対応だ（『毎日新聞』二〇二〇年一〇月一日付電子版）。

①について。当時の学術会議事務局長は福井仁史《ひとし》だった。福井は二〇一一年施行の公文書管理法の企画立案を行った内閣官房参事官・岡本信一《しんいち》と同補佐・植草泰彦のあとを引き継ぎ、公文書管理委員会、「国立公文書館の機能・施設の在り方等に関する調査検討会議」を審議官として支え、新国立公文書館建設に尽力した公文書管理の専門家として知られる（岡本・植草 二〇〇九）。その福井が事務局長ならば文書はあるはずだと推測し、決裁文書はあるかと問うて

みた。

事実、決裁文書は、ほぼ一カ月後、一一月五日の参議院予算委員会の場に蓮舫議員の質疑資料として提出された（第二〇三回国会　参議院　予算委員会　第一号）。それが、八月三一日付の内閣総理大臣宛学術会議会長進達文書（一〇五名分の氏名のみ記した推薦書を別添。六名部分は黒塗り）と、「日本学術会議会員の任命について」と題された決裁文書（起案日九月二四日、決裁日同月二八日）だった。

②について。「止めた政治主体」は誰なのかを問うてみたのは、任命行為の形式性に疑義を唱えられるのは官邸段階しかないと考えたからだ。この疑問についても、参議院からの要求によって学術会議事務局が一二月一〇日に提出した文書中に、「R2. 9. 24 外すべき者（副長官から）」という記載があることでわかった。「止めた政治主体」は杉田和博内閣官房副長官であった。

問題の発覚直後、筆者が知りたいと願った二点が、時をおかずに年内に明らかになったのは、ひとえに、文書の作成にあたった学術会議事務局側の適切な公文書管理（黒塗りはしても廃棄はしない）と、参議院を舞台とした国会議員の質疑のおかげといえよう。学術会議法の第七条第二項が定めた「第一七条の規定による推薦に基づいて」内閣総理大臣が会員を任命する行為の形式性についての議論は本書第1章・第4章の論考に譲りたい（本多 二〇二一、市橋 二〇二一、小森田 二〇二一、木村 二〇二一）。

4　二〇一七年声明と戦争・軍事を目的とする研究に反対する過去二回の声明

二〇一七年三月二四日に学術会議が幹事会決定として発表した「軍事的安全保障研究に関する声明」（本書巻末資料として所収、以下、二〇一七年声明と略、関連資料は学術会議のウェブ上の検索で全て閲覧可能）に問題の根幹があるとする見方がある。早くも、二〇年一〇月一四日に自民党内で「政策決定におけるアカデミアの役割に関する検討プロジェクトチーム（PT）」の初会合を設定した下村博文自民党政調会長がインタビューで「軍事研究否定なら、行政機関から外れるべきだ」（『毎日新聞』同年一一月一〇日付電子版）と語っていたことも想起されよう。

ただ、時系列的に、二〇一七年声明が任命拒否を直接招来したとはいえまい。大西隆日本学術会議会長時代の一六年の補欠人事、一七年の半数会員人事、一八年の補欠人事に関し、杉田官房副長官からの介入が既にあったことが歴代の第一部（人文・社会科学）長の証言から明らかになっているからだ(小森田 二〇二一：五三〜五四、杉田 二〇二一：八六〜八七)。また、二〇年一二月一七日の田村智子参議院議員の国会質疑(第二〇三回国会　参議院　内閣委員会　閉会後第一号)によれば、一五年時点で早くも定数以上の推薦名簿案の提示を学術会議側が求められていた事実も判明している。

先のインタビューで下村は二〇一七年声明を「軍事研究」を否定したものとして理解していた。ならば、声明の内容はいかなるものだったのだろうか。それをまずは見ておきたい。五連からなる。

[第一連]　学術会議が、一九五〇年に「戦争を目的とする科学の研究は絶対にこれを行わない」(以下、五〇年声明)とし、六七年に「軍事目的のための科学研究を行なわない声明」(以下、六七年声明)を発した経緯を思い、「大学等の研究機関における軍事的安全保障研究、すなわち、軍事的な手段による国家の安全保障にかかわる研究が、学問の自由及び学術の健全な発展と緊張関係にある」ことを確認し、過去の二つの声明を継承する。

[第二連]　科学者コミュニティにとっては、研究の自主性・自律性・公開性を担保した健全な発展が最も重要だが、この点で軍事的安全保障研究には、政府による研究活動への介入の懸念がある。

［第三連］　防衛装備庁の「安全保障技術研究推進制度」（二〇一五年）は、政府による研究への介入という点で問題が多い。研究の自主性・自律性・公開性を尊重した民生分野の研究資金の一層の充実こそ求めるべきだ。

［第四連］　大学等の各研究機関は、軍事的安全保障研究と見なされる可能性のある研究について、その適切性を目的・方法・応用の妥当性という観点から、技術的・倫理的に審査する制度を設けるべきだ。また学協会等において、学術分野の性格に応じたガイドライン等を設定することも必要だ。

［第五連］　研究の適切性をめぐっては、科学者・各研究機関・学協会・科学者コミュニティが、社会と共に真摯な議論を続ける必要がある。科学者を代表する機関としての学術会議は、議論に資する視点と知見を提供するよう率先して検討を進めたい。

以上の五点である。正確を期すために長めの要約となったが、よく読めば大学等の研究機関に審査制度を設け、各分野の学協会等にガイドラインの設定を促すいっぽう（第四連）、科学者コミュニティと社会双方とが、研究の適切性について議論を続ける必要、またその判断のための視点と知見を学術会議が積極的に提供する意志表明（第五連）だとわかる。むろん、声明の根幹に、研究の自主性・自律性・公開性に鑑みた時、軍事研究が国家の介入を招き、学問の自律性を損ねる危険性があるとの認識（第一連・第二連）があるのは間違いない。

二〇一七年声明を審議したのは、一六年五月二〇日に設置が決定された「安全保障と学術に関する検討委員会」（以下、委員会）だった。本委員会は、毎回専門の速記者を入れ、逐次的に筆耕した議事録を迅速に作成し、参考人等の報告資料や事務方の配付資料を含めた全記録を同時代的にウェブに公開しつつ検討を進めるという、ある意味、特別な態勢で開催されていた。

特別な態勢で開催されていたのは、厳しい見解の対立が予見されたからである。委員長に選出された杉田敦（専門は政治学、学術会議第一部〔人文・社会科学〕）は、委員会の設置前の学術会議総会で次のように発言していた（杉田 二〇一一：九〇〜九一）。いわく、一九二八年の不戦条約以降、戦争は違法化されたが「自衛」という名の下での戦争は続き、特に〔二〇〇一年の〕九・一一事件を契機としたアフガニスタン侵攻を個別的自衛権で説明した米国の行動以降、自衛概念は拡張され続けた。日本においても集団的自衛権行使の是非をめぐって国論が二分された。学術会議が「自衛」概念を定義することはできないし、学者の共同体という性格に鑑みて定義すること自体不適切だと杉田は論じた。その杉田が検討委員会の委員長に選出されたのである。

一方、当時の学術会議会長の大西隆は異なる観点に立っていた。二〇一七年声明発出後のインタビューで大西は、「長く避けられてきた防衛・軍事技術の研究というテーマに、学術界として向き合うきっかけを作りたかった」(「「軍事研究容認」と叩かれても伝えたいこと」『日経ビジネス』二〇一七年四月一一日電子版)と答えている。自衛隊を肯定する人が九割となった社会では、「安全保障が必要」ならば「そのための研究も必要」(同前)だとの考えだったと明かしていた。

以下では委員会での議論の経過を追うが、その前に二〇一七年声明が継承した過去二回の声明、特に六七年声明が出された契機と内容をおさえておきたい。当時の総会速記録を全文筆耕した井野瀬久美恵(専門は大英帝国史)の貴重な分析が参考になる(井野瀬 二〇一七、二〇一八)。

六七年声明発出の背景は、日本物理学会が六六年に主催した国際会議に米陸軍極東研究開発局から資金提供のあったことが新聞のスクープで明らかになったことだった。本声明に特徴的だったのは、科学者の意図に関係なく成果が戦争に利用される危険性が常にあり、科学者はこの点を常に「戒心」すべきだと明言した点だろう。第一回の五〇年声明の時との差としては、六七年声明の採決が挙手ではなく票決だったことだろう。賛成九三、反対四二、保留一三の過半数で可決されたが、反対や保留票も多く、会員の中で意見が割れていたことを示唆する。

六七年声明時の討議で注目されたのは、問題の発端となった日本物理学会の委員長・伏見康治の「創設のときにやりました声明以来、十何年かたちましてなお、同じ倫理綱領的なことを声明」するだけで良いのかとの問題提起だ。「ある程度の基準」を総会で示すべき時なのではないかとも発言していた(井野瀬 二〇一八：三九～四〇)。伏見が六七年声明の総会で述べたこの論点は、今回の検討委員会でも登場する論点となってゆく。

5　安全保障と学術に関する検討委員会での討議

検討委員会での審議は、全一一回(二〇一六年六月二四日～一七年三月七日)にわたった(小沼 二〇一六、二〇一七)。委員会のメンバーは委員長に杉田敦、第一部(人文・社会科学)から井野瀬久美恵・小森田秋夫・佐藤岩夫の三名、第二部(生命科学)から大政謙次・向井千秋・森正樹・山極壽一の四名、第三部(理学・工学)から大西隆・岡眞・小松利光・土井美和子・花木啓祐・安浦寛人の六名、連携会員(会長によって任命され、会員と連携して学術会議の職務の一部を行う)の小林傳司《ただし》(専門は科学史)、総勢一五名からなっていた。二名の幹事は第一部の佐藤と第三部の小松が務め、安全保障分野との接点の多い領域である第三部から十分な委員の数が出されていたこと等、周到な配慮の跡をうかがわせる。

なお、学術会議の創設以来の重大課題を検討するための委員長に、『境界線の政治学』の著者・杉田が就いたことは、歴史的に振り返った時に意義深いものだったとの評価を下しうる。

杉田は「セキュリティ(安全)の政治」の本質を最もよく摑んでいた学者だからだ。「戦争が注目されるのはなぜか。それは、戦争が境界線をつくり出すものだからである」と看破していた(杉田 二〇一五：vii)。

では、検討委員会が議論すべき問題としていかなる項目が設定されていたのだろうか。まずは近年の現状を軍事と学術とが各方面で接近を見せていると分析し、その理由を、軍事技術・知識と民生的な技術・知識との間での線引きの困難性に帰していた。いっぽうで、社会の側には軍事との関係を深める学術への危惧も広がっているとし、これらをふまえ、委員会の目的は、安全保障に関わる事項と学術とのあるべき関係を探究すること、これであると述べていた。

委員会で検討すべき課題をまとめ直せば、①過去二回の声明以降の条件変化をどう捉えるか、②軍事的利用と民生的利用およびデュアル・ユース問題について、③安全保障にかかわる研究が学術の公開性・透明性に及ぼす影響、④安全保障にかかわる研究資金の導入が学術研究全般に及ぼす影響、⑤研究適切性の判断は個々の科学者に委ねられるか、機関等に委ねられるか、の五点となろう。以下に、一連の検討委員会での意見対立のさま、意見の応酬を見ておこう。

第二回(二〇一六年七月二八日)の会議で、まず小森田(専門は法学)による論点整理がなされた。

それに対して大西(専門は工学)が述べた二点の意見は、軍事的安全保障研究に前向きな研究者に共通する論点として注目される。第一に、デュアル・ユースという用語に軍事と民生という訳語を当てるべきでなく、学術会議が二〇一二年一一月三〇日に策定した文書「科学・技術のデュアル・ユース問題に関する検討　報告」に従い、「用途の両義性」という語句を用いたいとした(議事録二一頁)。第二に、日本国憲法をふまえた時、「自衛と自衛でないもの」に分けての議論が可能なのではないかと論じた(同二四頁)。

第三回(同年八月二四日)の会議では、第三部の小松幹事(専門は工学)の発言が注目される。この委員会の議題として、「いわゆる専守防衛、個別的自衛、この自衛力を我々は認めるのか、認めないのか。認めるとしたらどこまで認めるのか」が論じられるべきではないかと問うた(議事録八頁)。これは第二回に大西が提起した第二点に通ずる論点である。これに対し、第二回の会議で論点整理を行なった小森田が「軍事部門が非軍事部門に資金を提供するという制度をどう考えるか」の話に限定すべきだと応答した(同一八頁)。

続いての論点の応酬は、大西と第一部の佐藤幹事(専門は法学)の間でなされている。大西が前回の議論を敷衍して、デュアル・ユース、すなわち、用途の両義性を基礎として、研究の軍事への利用を考えるあたっては、「憲法や国際条約の考え方を踏まえて、とるべき科学者の対応を行動規範に定めるべきではないか」(議事録二〇頁)と述べた。用途の両義性を考え、また日本国憲法と国際条約の枠組みを自覚し、科学者の行動規範を設定するのは可能だし、また設定すべきだとの立場である。

それに対して佐藤は、学問の自由との関係から反論を加えていた。何を研究するかは研究者の自由だとの考え方もあろうが、「自由であるからこそ学術の自己規律であるとか、あるいは、学問の自由はそれに従事する科学者の責任を伴う」という議論がドイツの憲法学などでは有力だという点をまずは紹介していた。

次に、デュアル・ユース問題はたしかに大事な論点だが、本委員会の検討課題との関連で論ずる必要があるとし、「軍事研究は許されるのかどうかというこの文脈に則して考えていくべきではないか」とし、「委員会の設置提案書の趣旨」を席上のメンバーに思い出させていた。つまり過去の二回の声明をどう捉えるかとの点である。また、あえて民生研究と軍事研究という言葉を用いるのは、デュアル・ユースは研究成果の利用の局面に焦点を当てた用語だからである。だが、過去二回の声明は、利用の側面だけではなく、研究の発端・目的・遂行、また研究成果の利用という一連のプロセス全体を問題としていたのだ、として原点を振り返った(同二三～二六頁)。この第三回の議事録を読めば、研究の申請にあたって第三者機関の設置が必要であり、研究の入口で科学者としての倫理規定を必要とするとの合意が形成されつつあることがわかる。

一方で、大西や小松など工学研究者が主張したのは次のことである。日本国憲法第九条（戦争の放棄と戦力不保持及び交戦権の否認）の解釈に関し、集団的自衛権解釈を第二次安倍晋三内閣が変更したのであれば、自衛と自衛でないものの区別が新たに論じられるべきで、憲法第九条の議論とからめて軍事的安全保障研究の是非が論じられるべきだというのだ。他方、杉田、小森田、佐藤が強調したのは、研究の発端・目的・遂行、また研究成果の利用という一連のプロセスを考慮した時、防衛装備庁の資金による軍事的安全保障研究は憲法第二三条（学問の自由は、これを保障する）との関係で問題があるとの観点だった。憲法第九条の土俵で議論をするか、憲法第二三条の土俵で議論をするか、検討委員会の死活的に重要な対立軸はここにあった。

6　学術会議は何を代表するのか

自衛隊に対する国民の広範な支持を考慮し、憲法と国際条約が今日的に課す制約を自覚しておけば、研究に取り組むための科学者の行動規範の作成は今や可能だとする大西や小松の議論に対し、学問の自由と自律の緊張関係を説くいっぽうで検討委員会の設置目的から議論に縛りをかけようとする小森田や佐藤の議論を、ここまで見てきた。

検討委員会では、参考人として専門家を招いて多様な意見の聴取に努めていたが、第四回（二〇一六年九月三〇日）に登場した杉山滋郎（専門は物理、科学史）が新たな論点を指摘した。過去の二度の声明は会員の選出方法が選挙の頃の話であり、今回再び声明を出すならば、声明の代表性を担保するため「広く議論喚起するような方策が必要」（議事録二五頁）だと。また、「文民統制の最終的な決定権というのは、恐らく国会にある」、よって国会に「しかるべき集団」を作り、そのような専門家集団、シンクタンクが国会に対して助言するようにしたらどうかと述べていた（同二九頁）。

この論点に関して、第五回（同年一〇月二八日）の会議では、安全保障にかかわる研究が学術の公開性・透明性に及ぼす影響を議題として、連携会員で検討委員会メンバーの小林もまた、学術会議が出す声明の正統性に言及し、科学者の属性の多様性を考慮すれば学術会議が「誰を代表しているのかということと、その正当（統）性はどこにあるのかということ」が重要となってくると問題提起している（議事録四三頁）。小林が挙げたデータは興味深いもので、人口一万人当たりの研究者数で日本は世界トップクラスに入るが、所属別でいえば二〇・一％が大学、七四・一％が産業界だと明らかにした（同前）。

選挙ではない会員選出方法をとる現在の学術会議で声明を出す場合の正統性、また産業界に多い研究者をも包含する代表性は、いかに獲得されるべきなのかが問われていた。

この議論に、一段高いところからの回答を示したのが第七回（同年一二月一六日）会議に呼ばれた、学術会議元会長・吉川弘之（専門は工学）の議論だ。吉川はいう。学術会議が科学アカデミーとして代表性を獲得しているのは、「他のいかなる組織とも違う構成原理に基づいている」からだと。そして、その構成原理は①同等性、②自立性、③透明性、④包含性・多様性、⑤学術の俯瞰性、⑥開放性、⑦規範性、⑧組織の記憶（Institutional memory）の八項目によって支えられているとした（会議資料4―2）。

続けて吉川が述べた重要な論点は、他ならぬ学術会議の代表性についてだった。「もともと日本学術会議の代表性というのは科学の代表だったんですけれども、今はまさに科学の代表という意味は、科学的知識をユースした結果、社会に何を与えるかという、この境界における代表性。日本学術会議というのは、科学者の社会における代表なんですね。科学者の代表ではなくて、社会における全科学者の責任を集約する一つの主体だというふうに考えるべきだと思います」（議事録三一～三二頁）。

橋本龍太郎内閣における行政改革期、組織存亡の危機に立たされた（加藤 二〇二二）学術会議を、自己改革によって目覚ましく再興した当事者である吉川（板垣 二〇二一）の言だけに、極めて重い意味を持つ。学術会議は科学者の代表ではない、そうではなく、社会に対して全科学者の責任を集約する一つの主体だ、との言明は深い。学術会議がその所属のいかん故に科学者の間に線を引き、一定の層を明確にして声明を出すというよりは、アカデミーとしての特有の構成原理によって支えられた、社会に対して社会における全科学者の責任を集約する一つの主体、この立場で学術会議から声明を出すとの判断が示されていた。吉川の与えた示唆は、二〇一七年声明のインパクトを考察していく上で、極めて重要だと思われる。

7 「自衛」概念を定義することの困難性と議論の帰結

学術会議による声明の正統性という問題にからめて先に第七回の会議の議論をみたが、ここで第六回（二〇一六年一一月一八日）の会議の内容に戻りたい。第六回の参考人はまことに贅沢な布陣となっている。二〇一七年声明中には、学術会議の役割の自覚として、研究の適切性を社会が測るための視点と知見を提供する組織だとの自己規定が書かれていたが、まさにそれを実践する一つの場といえた。この日は、防衛装備庁防衛技監・外園博一《ほかぞのひろかず》と同庁技術戦略部技術振興官・鈴木茂から「安全保障技術研究推進制度について」の詳細な説明がなされたいっぽう、『科学者と戦争』の著者・池内了が自らの研究（池内 二〇一六）に基づいて批判的な知見を述べ、その両者に対し、『トランス・サイエンスの時代』の著者（小林 二〇〇七）であり、検討委員会委員の小林傳司が更なる問いを発するという豊かさだ。

ここで筆者が最も興味を覚えたのは佐藤幹事から防衛装備庁側へむけての質問である。「自衛隊法の七六条、御承知のように防衛出動に関する規定ですけれども、その一項一号の場合、つまり急迫不正の侵害があった場合に防衛出動するという場合と、それから二号の存立危機事態について防衛出動する場合で、そこで用いられる防衛装備品は質的に違うというふうに理解をしていいのか。あるいはこの二つの場合において用いられる防衛装備品の違いというのは、段階的なものであるのかということについてお尋ねをしたいと思います」（議事録四三頁）とある。防衛装備品、つまり対外的には武器のことだが、急迫不正の侵害があった場合の防衛出動と、存立危機事態があった場合の防衛出動とで、携行する武器に違いはあるのかとの質問だ。

先に、杉田の著書から「戦争が境界線をつくり出す」との記述部分を引いておいたが、敵か味方か、自衛・防御か攻撃かといった形の二分法で分けることの不可能性が浮かび上がる問いだといえよう。防衛装備庁側もその場での回答を避けている。もちろん、第七回会議で小松幹事が「軍事研究にかかわるか否かは民生用、軍事用の研究の区別が難しい以上、研究者個々人の判断に委ねるしかない」と発言していたが（同四八頁）、ここまで徹底した考え方は、「自衛」区分の定義不可能性を理解すると、ある意味正直な反応といえた。

二〇一六年から一七年に年が明けて開催された第八回（一月一六日）になると、議事も大詰めを迎える。中間とりまとめの方向について杉田委員長から説明がなされ、①科学者コミュニティの独立性、②学問の自由と軍事研究、③民生研究と軍事研究、④安全保障と軍事研究、⑤研究の公開性、⑥研究機関や学協会による自己規律、⑦研究資金の在り方、の各項目別にこれまでの会議での議論を集約する意向が示された。

この議論の過程で、再度、大西、小松、土井、安浦ら第三部の会員を中心に、防衛装備庁の安全保障技術研究推進制度に対応してよいとの意向が表明された。大西は「一定の制限のもとで科学者、研究者でこれを行いたいという人がいれば、その人が所属している機関としてもそれを認め得るのではないか」と述べ（議事録一七頁）、小松も「中間取りまとめの現段階では、両者の意見を取り上げて両論併記というふうにすべき」（同一九頁）と求めている。

「中間とりまとめ」に少数意見も含ませる方向が定まった後、学術会議は二〇一七年二月四日、学術フォーラム「安全保障と学術の関係　日本学術会議の立場」を開催した。この日の日程は第一パートとして、杉田委員長による委員会での中間とりまとめの議論の状況報告があり（議事録五〜一四頁）、第二パートとして、小松幹事の進行によって、学術会議内外の意見の表明として、会員・連携会員の中から四人、経済界とメディアから各一人ずつのプレゼンテーションがなされた。第三パートとして、杉田委員長の進行によって、総合討論がなされた。

意見を表明した発表者の名前、発表タイトル、議事録掲載頁を順次掲げると以下のようになる。まずは学術会議側の四人は、兵藤友博（第一部会員／学術がたどった歴史から学ぶ／議事録一四〜一九頁）、須藤靖（第三部会員／「学術研究のために」という視点／同前一九〜二四頁）、佐野正博（連携会員／経営技術論的視点から見たデュアルユース／同前二四〜三一頁）、福島雅典（連携会員／軍民両用（デュアルユース）研究とは何か――科学者の使命と責任について／同前三一〜三六頁）。その後、経済界からは西山淳一（公益財団法人未来工学研究所政策調査分析センター参与／防衛技術とデュアルユース／同前三六〜四一頁）が、メディアからは根本清樹（朝日新聞社論説主幹／大学と軍事研究／同前四一〜四四頁）が登壇した。

学術会議側の四人とメディア代表の根本は、憲法第二三条の学問の自由との関係から防衛装備庁の資金による研究に問題があるとの中間とりまとめの立場を支持した。一方、経済界代表の西山は「軍事研究の範囲は広いですから、軍事研究イコール兵器研究ではないですよと。〔中略〕兵器研究ではない軍事研究というものはもうちょっと幅の広いものだ、こういう認識ではないかなと私は思っております」(四〇頁)として、検討委員会の場における大西、小松らの主張に近い少数意見を述べた。

議事録からは一般の参加者も含めた総合討論が実に活発になされていた様子がうかがえる。強い危機意識を持って検討委員会の議事全てを傍聴し、この日一般参加者として討議に参加していた一人に、世界平和アピール七人委員会委員、日本パグウォッシュ会議運営委員を務める小沼通二(専門は物理学)がいた。小沼は「学術会議の会員は誰一人として、会長でも拒否権がないんだと。少数意見というのはできるだけ出していただくことが大事だと思います。当然多数の人はそれを尊重して議論を深める。ただし、最終的には拒否権を持っているということであっては困る」と述べ、大西会長を名指しして注意を喚起していた(六五頁)。小沼は、湯川秀樹が一九五三年九月、国際理論物理学会の開会式を東京大学の安田講堂で開いた際、東大大学院の一年生として初めて湯川に出会い、その後、京都大学基礎物理研究所で湯川と共に歩んだ人だ(小沼 二〇二〇:八五)。学術会議の議事ルールに通暁していたはずの小沼がここまで述べていたこと自体、検討委員会の場における大西の発言ぶり、また社会に対した際の学術会議会長としての大西の発言内容に憂慮していたことを暗示するだろう。

以上に見たように、フォーラム参加者の多数意見は、杉田委員長による中間とりまとめを支持するものだった。第一〇回(同年二月一五日)会議の場で、小松幹事から、杉田委員長によってまとめられた「審議経過の中間とりまとめ　二〇一七年一月二三日」が、検討委員会の合意となっているのか、「確定している」のかとの疑義が呈されたため、採決が実施されたのは注目される。「中間とりまとめ」には異議があるとして挙手した者は小松と安浦の二名、異議なしとした者は杉田、大政、佐藤、井野瀬、向井、森、山極、岡、花木、小森田の一〇名を数え、不在が三名(中途退席が大西、土井。小林は委員会欠席)。結論として、「中間とりまとめは確定」していると確認がなされた。ただ、この中間とりまとめから最終的な声明となるまでにも幾多の紆余曲折があり、これについては別稿を用意しなければならないが、最低限ここで触れておきたいのは、本声明が総会決定ではなく幹事会決定で出されたことだ。一致点や持つべき威力という点で差があろう。

委員会がまとめた声明は、大西や小松が望んだ両論併記の形は採っていないが、これは形式の上で採られていないだけで、先の五連でいえば、第四連が軍事的安全保障研究に応ずる希望がある研究者に向けた措置と読める。委員会で何が議論されていたのか。杉田委員長の言葉でまとめたい。「学術の健全な発展に対して、軍事研究がどのような影響を及ぼすか。この一点です。言い換えれば、「学問の自由」の問題です。学問の自由の保障という観点から、軍事研究をどうとらえるべきか、ということです」(杉田二〇二一：九二)。憲法第二三条の土俵で議論を行ったという点についての正確なまとめだといえよう。

これまでの議論を振り返れば、検討委員会における二つの立場の討議が、先の吉川の挙げた組織の構成原理でいうところの、③透明性、④包含性・多様性、⑥開放性、⑧組織の記憶の重視の原則に従って進められたことがわかる。二〇一七年声明は、社会に対して全科学者の責任を集約する一つの主体としての立場から発せられたものと理解することで、社会の側との真摯な議論が進んでゆくのではないか。

8　学術会議の在り方をめぐって

学術会議の二〇一七年声明は、防衛装備庁の研究資金を契機として、二つの相対立する見解を、一つの声明としてぎりぎりのところでまとめられた「可能性の技術」の成果と読める文書だった。憲法第二三条の学問の自由の観点からみた時、科学者コミュニティにとって最も重要な、研究の自主性・自律性・公開性を担保した健全な発展という点で、軍事的安全保障研究には問題がある(第二連、第三連)と明確に断ずる一方、軍事的安全保障研究に応ずる希望のある研究者に対して、大学・研究機関・学協会等に審査基準の設置やガイドラインの整備を促した(第四連)。杉田委員長による検討委員会の仕事を継承したのは佐藤岩夫であり、その成果は、二〇年八月四日の日本学術会議科学者委員会「軍事的安全保障研究声明に関するフォローアップ分科会」で、二〇一七年声明後に研究機関・学協会がいかに対応したか、またそこから導かれる論点を追跡していて、有益である。

学術会議の二〇一七年声明は、軍事的安全保障研究への教条的な拒絶を研究者に命じたものでは全くなかった。また、「デュアル・ユース」の必要性を積極的に訴えた人々が学術会議による本声明へのコンセンサスを公然と否定するようなこともなかった。憲法第九条の土俵上ではなく、憲法第二三条の土俵上で、学問研究の自主性・自律性・公開性の観点から防衛装備庁による資金提供の問題点を指摘する一方、研究遂行のための制度・ガイドライン整備の必要を説いた学術会議声明の非政治性は、社会に対して全科学者の責任を集約する集団としての役割を全うさせることを可能にした。

このことは、ある一定の党派に牛耳られているといった、学術会議の現状の姿とかけ離れたイメージに依拠した誤った非難を総体としては困難なものとし、改革一般に対しては支持するが容易な解体論や破壊的な改革論が世論においても許容されない素地を形成した。

先に、「軍事研究否定なら、行政機関から外れるべきだ」と論じた下村自民党政調会長の発言を見たが、その後、下村の肝煎りで設置された自民党のプロジェクトチーム（ＰＴ）が、二〇年一二月九日にまとめた報告書「日本学術会議の改革に向けた提言」の内容は、これまで述べてきた二〇一七年声明の正確な理解を前提に考える時、極めて興味深いものとなる。ＰＴの結論は、学術会議の組織形態については下村の要求通り、国の組織から離れ、独立した法人格を持つ組織とすべきだ、としていた。だが、ＰＴの結論中には、下村のインタビュー発言にはあった、学術会議と軍事研究との関係、学術会議と大型研究計画策定との関係についての具体的な言及は書き込まれなかった。

これは、軍事研究に関するデュアル・ユース問題、すなわち学術会議の二〇一七年声明に対する批判への一致点が得られなかったことによるものか、あるいは批判することができなかったのかについては、今後の更なる検討が必要だろう。ただ、ＰＴが最も重点を置いた要求が、学術会議を国の組織から離す点にあったことには、今後最大限の注視が必要となる。ＰＴの結論は、自民党による概算要求や予算案の事前審査に強く影響を与える。

政府与党は何故、学術会議を国の組織から離したいのだろうか。この点を考える際に参考となるのは、二〇年以上前の話となるが「日本学術会議の在り方に関する専門調査会」第四回（二〇〇一年一二月六日、石井紫郎会長）の議論、橋本龍太郎内閣に端を発する行政改革による中央省庁改編時、学術会議の在り方を検討する場での議論である。ゼロベースで学術会議を見直すべきだとする市川惇信《あつのぶ》（専門はシステム科学）委員に対し、学術会議（会長は吉川弘之）や学協会代表が国の機関であることの必要性を論じた場面（議事録七頁）での、伊藤進（専門は法学）の次の発言（同前八頁）が最も示唆に富む。

「行政機関の一環と国の機関というのは少し違う。行政機関が設置した機関つまり各省庁が作った一機関であるという位置づけではアカデミックフリーダムは保っていけないと思う。しかし、国が作ったということであれば、国会や裁判所のようにフリーダムを保ちうる。大言すれば、三権のほかにもう一つ文化権というものを作って、そこで学術の在り方や日本・人類の将来を論ずるというようになればよいと思っている。そういうものは、民間では作れないので、国家がそれに対して財政的にもシステム的にも提供しなければならない」。

国の機関か否かは、社会に対して全科学者の責任を集約する一つの集団としての学術会議が、アカデミックフリーダムを保ちうるかという、死活的に重要な位置づけにかかわるのだ。政府は今後、科学技術政策と安全保障政策に関して、大きな選択をなすはずだ。その際、学術会議が全科学者の責任を集約する集団として「生きているか」どうか。これは日本という国家の将来を左右する大きな問いとなろう。

9　科学・技術を育む政治文化を目指して

項のタイトルで「科学技術」ではなく「科学・技術」と記したのには理由がある。学術会議は、二〇一〇年八月の「総合的な科学・技術政策の確立による科学・技術研究の持続的振興に向けて」という勧告で、当時の科学技術基本法と基本計画の見直しにあたって同法が用いていた言葉の変更を要望した。「科学技術」はふつう「science based technology」(科学に基礎付けられた技術)の意味で用いられる語句であり、国際的に用いられる「science and technology」(科学及び技術)の意味とはならず、このままでは出口志向の研究のみを法が振興したいと考えているとの誤解も生ずる。よって科学の全領域を見通した総合的な政策を目指すため「科学・技術」を採用すべきだとの勧告だった。残念ながらこの勧告は政府に容れられなかったが、ここで改めて、出口志向だけでない、全領域を見通した総合的な科学・技術政策こそが目指されるべきものではないかと考え、こう記した。

二〇〇四年の国立大学法人化と同時に進められた運営費交付金削減で疲弊しきった大学のほか、「失われた三〇年」で研究開発費が激減した公的研究機関や企業の研究者をターゲットとした防衛装備庁の「安全保障技術研究推進制度」は、研究者にとって拒絶するにはあまりに大きな誘因を備えている。二〇二〇年の採択は二一件で九五億円規模、二一年は二三件で一〇一億円規模の予算が動いた。

誘因の根幹には、この間の日本が途中の検証も挟まずに過度の選択と集中を続けた結果、大学・公的研究機関・企業の研究基盤が弱体化した事実がある（毎日新聞「幻の科学技術立国」取材班編 二〇一九）。デュアル・ユースという言葉の魔法などに頼らずとも、学術の実りある成長が確実に望めるような、基盤的な研究資金の配分が保証される仕組みを科学・技術政策として準備すべきだ。一見、解くのが困難に見える議論の結び目も、以下に述べる二つの方法で解いていくことが可能だと考える。

一つ目の方法として、雑誌『科学』（岩波書店）で「科学技術・イノベーション政策のために」を連載していた小林信一（専門は科学技術政策）の知見を紹介したい（小林 二〇一七、その1・2）。政策評価や行政評価で、官邸や内閣官房の業務が対象外だという事実を読者はご存じだろうか。

「内閣府の活動のうち内閣の補助や省庁間の総合調整等、一般の省より一段高いレベルから行う業務」は行政評価の対象外とされてきた(小林 二〇二〇：一一四)。決定過程を示す議事録が非公開であるなど問題が多いとされる、内閣府のCSTI(総合科学技術・イノベーション会議)の決定による「大型研究開発プロジェクト」事業も、検証の対象外だ。二〇一八年開始の第2期戦略的イノベーション創造プログラム(第2期SIP)は、一二課題に三二五億を投じる巨大な事業だったにもかかわらず、である。先の防衛装備庁の予算規模をも想起すれば、問題は科学・技術に割くための予算がない点ではないとわかる。度を越した選択と集中に対しては、立法府の中に常設の科学行政監視機構を設け、行政評価の道を開くべきだろう。

いま一つ議論の結び目を解く方向性は、検討委員会メンバーでもあった小林傳司による科学・技術のシヴィリアン・コントロールという視点(小林 二〇〇七)にある。シヴィリアン・コントロールそのものは、軍隊の最終的な指揮権を軍人に与えないという考え方だが、小林はこの議論を援用し、人文・社会系研究者や市民の参画に道を拓く。科学と政治が交錯する領域で、「科学によって問うことはできるが、科学によって答えることのできない問題群からなる領域」をトランス・サイエンスと呼ぶが(同前：一二三)、軍事的安全保障研究に科学者が携わるべきか、携わるべきだとすればどこまで許されるか、といった問題群は、実のところトランス・サイエンスに適合的な領域だと思われる。

さらに小林は大学という制度と組織という使い勝手の良さに注目する。大学は、学問の伝統に従いながらも、社会のニーズによって新しい領域を学部として汲み取って学問として成立させてきた。軍事的安全保障研究に対し、日本の社会が何らかの態度を決定したいのであれば、大学の学部として名称はいずれでもよいが学部を新設し、本領域に関し、政策的にも科学・技術社会論としても学問として学べる場を作り、専門家を養成してゆく道が考えられる。

このような考え方は、実のところ、第七回の検討委員会で吉川弘之が主張していたことでもあった。現状でも大学機関には平和研究所等が設置されている例があるが、小林や吉川のイメージする学部は、現状の平和学の内容を抜本的に拡張させたものである。二人の小林が拓いた展望と方策は、いずれも私たち国民が本気で取り組もうと思えば、さしたる時間をかけずとも実現可能性の高い政策事案だと思われる。科学・技術を育む政治文化を育てたいものだ。

参考文献

阿部公彦「国策は学問を育てられるのか――「親子関係」の行き着くところ」集英社新書編集部編『「自由」の危機――息苦しさの正体』集英社新書、二〇二一年

池内了『科学者と戦争』岩波新書、二〇一六年
池内了『科学と社会へ望むこと』而立書房、二〇二一年
板垣雄三「日本学術会議問題2020がわれわれに投げかける課題（その一）（その二）」『歴史学研究』第一〇〇八号、第一〇一一号、二〇二一年四月、同七月
市橋克哉「学術会議人事を通じて監督権を行使する内閣総理大臣について」民主主義科学者協会法律部会編『法の科学』第五二号、日本評論社、二〇二一年
井野瀬久美惠「連載　学術会議は軍事研究問題をどう議論してきたか①」『Newsletter』第二三期第八号、二〇一七年三月
井野瀬久美惠「連載　学術会議は軍事研究問題をどう議論してきたか②」『Newsletter』第二四期第二号、二〇一八年四月
岡本信一・植草泰彦『Q&A　公文書管理法』ぎょうせい、二〇〇九年
加藤陽子「行政改革（一九九六―一九九八）と日本学術会議」『学術の動向』第二六巻第一一号、二〇二一年一一月
加藤陽子「「科学・技術」研究を育む政治文化とは何か――日本学術会議「軍事的安全保障研究」に関する検討資料を読む」『歴史科学』第二四八号、二〇二二年一月
木村草太「学問の自律と憲法」佐藤学ほか編『学問の自由が危ない』晶文社、二〇二一年
清沢洌、橋川文三編『暗黒日記』第一巻、ちくま学芸文庫、二〇〇二年

小沼通二「軍事研究に対する科学者の態度　日本学術会議と日本物理学会(一)」『科学』第八六巻第一〇号、二〇一六年一〇月
小沼通二「軍事研究に対する科学者の態度　日本学術会議と日本物理学会(四)」『科学』第八七巻第六号、二〇一七年六月
小沼通二『湯川秀樹の戦争と平和』岩波ブックレット、二〇二〇年
木庭顕『憲法9条へのカタバシス』みすず書房、二〇一八年
小林信一「学界と立法府(その1)――米国では」『科学』第八七巻第一一号、二〇一七年
小林信一「学界と立法府(その2)――新たな回路のために」『科学』第八七巻一二号、二〇一七年
小林信一「科学技術政策との関係」藤垣裕子責任編集『科学技術社会論とは何か』東京大学出版会、二〇二〇年
小林傳司『トランス・サイエンスの時代』NTT出版、二〇〇七年
駒込武編『「私物化」される国公立大学』岩波ブックレット、二〇二一年
小森田秋夫『日本学術会議会員の任命拒否　何が問題か』花伝社、二〇二一年
人文社会系学協会連合連絡会編『私たちは学術会議の任命拒否問題に抗議する』論創社、二〇二一年
杉田敦『境界線の政治学　増補版』岩波現代文庫、二〇一五年
杉田敦「大学の自治は自由の砦」前掲、集英社新書編集部編『「自由」の危機――息苦しさの正体』
日本民主法律家協会編刊『法と民主主義』第五五四号、二〇二〇年一二月

広渡清吾「日本学術会議と政府の科学技術行政」『Web日本評論』二〇二一年九月二日
古川隆久「撤回署名への支持が物語る、世論の違和感」『世界』二〇二〇年一二月
本多滝夫「日本学術会議会員任命に関する理事会声明について」前掲、民主主義科学者協会法律部会編『法の科学』
毎日新聞「幻の科学技術立国」取材班編『誰が科学を殺すのか 科学技術立国「崩壊」の衝撃』毎日新聞出版、二〇一九年
三谷太一郎『人は時代といかに向き合うか』東京大学出版会、二〇一四年
美濃部達吉『逐条憲法精義』有斐閣、一九二七年
宮沢俊義『天皇機関説事件』上・下、有斐閣、一九七〇年
村上陽一郎「学術会議問題は「学問の自由」が論点であるべきなのか?」*Wireless Wire News*、二〇二〇年一〇月七日付電子版

3

反憲法政治の転換を

小沢隆一

二〇二〇年九月二九日の夕方、大学の研究室に日本学術会議（以下、学術会議）の事務局長から電話がありました。二日後の一〇月一日に総会が予定されている学術会議の会員に私が任命されないというのです。一瞬、何のことか呑み込めませんでした。任命されない理由を聞くと、「私もわからない。内閣府の人事課に問い合わせても教えてくれない」とのことでした。電話の向こうの事務局長も動揺している様子です。「とんでもないことが起きた」と即座に感じました。

私を含む六名の学術会議会員への任命を拒否した菅義偉前首相は、内閣支持率が低迷する中、二〇二一年九月三日に自民党総裁選への不出馬を表明し、政権を投げ出しました。私たちへの任命拒否に始まり、憲法五三条に基づく野党の臨時国会召集要求（同年七月一六日提出）を拒否したままの政権投げ出しは、この政権が、徹頭徹尾、憲法と世論に背を向けて政治を進めてきたことを象徴しています。「コロナ対策に全力をあげる」などと言っても、人々の命とくらしを守るための展望を示さない以上、何らの説得力もありませんでした。安倍政権時を含め人事権を駆使しながらの憲法破壊や法治主義の歪曲、権力の私物化の行き着いた先が、党役員人事の手詰まりによる「降板」とはなんとも皮肉なものです。その後、国会を開催しないまま九月いっぱいかけてたたかわれた自民党総裁選挙で岸田文雄氏が勝利し、一〇月四日、岸田内閣が成立しました。その岸田氏は、総裁選のさなかに、早々と「任命拒否を撤回しない」との見解を表明し、内閣発足後もその態度を継続しています。

私たちに対する任命拒否は、日本国憲法が保障する学問の自由を大きく損ねるとともに、会員の任命手続きを定めた日本学術会議法(以下、日学法)に反する違法なものです。その基本的問題点について、いま改めて論じたいと思います。

明治憲法下の学問と教育

日本国憲法は、二三条で「学問の自由は、これを保障する」と規定しています。この規定の意義を考えるうえで、明治憲法(大日本帝国憲法)の下での学問の自由や表現の自由の法的な位置づけについて踏まえることが重要です。

明治憲法は、二九条で「言論著作印行集会及結社」の自由を「臣民」の「権利」として規定していましたが、それも「法律ノ範囲内ニ於テ」という保障の弱いものでした。悪名高い治安維持法をはじめとした思想、言論、結社を弾圧する諸法律は、この憲法の下で堂々と幅をきかせていたのです。

また、同憲法は、学問の自由については何も規定しておらず、教育についても、「臣民」の「権利」のなかで触れていませんでした。それというのも、政治支配の正統性を神権天皇制に求めた明治憲法のもとでは、その思想を教育や学問を通じて国民に注入することが必要とされたからです。教育による天皇制イデオロギー注入の柱として、「教育勅語」(一八九〇年)がすえられ、天皇への忠誠が要求されました。大学における学術研究の目的には、「国家ノ須要ニ応スル学術技芸」(一八八六年帝国大学令)、「国家ニ須要ナル学術ノ理論及応用」(一九一八年大学令)の教授が掲げられ、教育も学問も国家目的に従属するものとされました。

明治憲法のもとでは、大学に関して教授の人事などについてだけ一定の自治が慣行として認められていましたが、しかし、軍国主義化の動きのなかで、そうした「大学の自治」さえも瀧川事件などによって掘り崩され、また、治安維持法違反事件や天皇機関説事件などの思想弾圧事件があいつぐなかで、科学も政治に従属して戦争遂行に動員されました。そして、日本はアジア太平洋戦争へと突入し、敗戦を迎えることになったのです。

日本国憲法二三条の意義

日本国憲法は、こうした戦前の苦い教訓を踏まえて、思想・良心の自由(一九条)、信教の自由と政教分離(二〇条)、表現の自由(二一条)と合わせて、二三条で「学問の自由は、これを保障する」と定めて、精神的自由の豊かな保障に加えて、その上に「学問の自由」を独自に保障したのです。また、二六条が国民の「教育を受ける権利」を保障し、明治憲法体制が教育を国家目的遂行の道具としたことからの根本的な転換を果たしたことも重要です。

この日本国憲法のもとで、日学法が一九四八年に制定、学術会議が設置され、一九四九年から活動をはじめます。学問の自由の保障のうえにたって、学術会議は、「科学が文化国家の基礎であるという確信に立つて、科学者の総意の下に、わが国の平和的復興、人類社会の福祉に貢献し、世界の学界と提携して学術の進歩に寄与することを使命」(同法前文)として設立されました。

学術会議の目的と独立性

学術会議は国費によって運営される国の特別の機関として設立されました。日学法の二条で、その目的は、「わが国の科学者の内外に対する代表機関として、科学の向上発達を図り、行政、産業及び国民生活に科学を反映浸透させること」とされ、三条で「日本学術会議は、独立して……職務を行う」と、独立性を明記することによって、学問の自由に基礎づけられた学術研究の成果をもちより、政治権力に左右されない独立の活動によって、政府と社会に対して政策提言を行なうことをその職務とすることになりました。そのために、五条では、「日本学術会議は、左の事項について、政府に勧告することができる」と同条各号に掲げる事項に関して政府に対する勧告権も与えられているのです。

学問の自由は、科学者とそのコミュニティが大学や研究機関という場の支えを受けて行使するものであり、科学者が個人として享受するだけでなく、科学者のコミュニティによる集団的な営み、すなわち学問共同体の自律を支えるものです。学術会議は、そうした学問の自由に基づく研究活動の成果をもちよって、政府に対してさまざまな提言や勧告を行なう機関です。学術会議のこうした性格から、大学の自治の保障と同様に、政府からの独立性が求められます。憲法二三条の学問の自由は、学術組織の独立性の保障も含んでいるのです。菅前首相は、私たち六名の任命を拒否した際に、会員の学問の自由の侵害には当たらない、学術会議の独立性を侵すものではないとしましたが、これは、学問の自由の意義を見誤るものです。

菅政権や自民党は、今回の任命拒否問題を契機としつつ、それを「棚上げ」して、学術会議のあり方に介入しようとしました。岸田政権においても、この点での動きに警戒が必要です。

道理のない任命拒否

菅前首相による私を含む学術会議会員候補六名の任命拒否は、国会審議などを通じて、その道理のなさが浮き彫りになってきました。

前首相は、国会での答弁で、任命拒否の理由として、「民間出身者や若手が少ない」、「出身や大学に偏りがみられる」などと言い出しましたが、これらは、学術会議自体のこの間の改革努力によって、是正されてきているものです。前首相がなぜか口にしない会員の男女比もしかりです。

過去には、「事前調整」をしたのに今回はしなかったから任命を見送ったのだ、などとも強弁しています。日学法のどこにも、推薦された会員候補の任命を首相がこうした理由で拒否できるとする法的根拠はありません。「事前調整」など、学術会議の会員選考権の侵害そのものです。

支離滅裂な理由を次々と持ち出す菅前首相の態度は、法治主義に反するものであり、議会制民主主義を愚弄するものとして断じて許されません。

また、前首相は、憲法一五条一項で国民固有の権利とされている「公務員の選定・罷免権」

を持ち出して自己の任命拒否の正当化をはかっています。この国民固有の権利の具体化は、国民を代表する国会の権限であり、その国会が定めた日学法は、会員の選定・罷免の実質的決定を学術会議に委ねています。首相にはこの法律を「誠実に執行」(憲法七三条一号)する義務があります。日学法に反する任命拒否こそ、憲法一五条が定める国民の権利を侵害するものです。

学術会議事務局の文書について

この問題に関連して、二〇一八年一一月一三日に、学術会議事務局がつくったとされる「日本学術会議法第一七条による推薦と内閣総理大臣による会員の任命との関係について」という文書があります。この文書は当時の会長にも示されていない事務局の内部文書とのことですが、その内容には看過できない問題があります。そこでは、憲法一五条一項をもちだして、「公務員の終局的任命権が国民にあるという国民主権の原理からすれば、任命権者たる内閣総理大臣が、会員の任命について国民及び国会に対して責任を負えるものでなければならない」という理由から、「内閣総理大臣に、日学法(日本学術会議法)第一七条による推薦のとおりに任命すべき義務があるとまでは言えない」という結論を導き出しています。しかし、これはとんでもない議論だと思います。

この文書の問題の個所は、次のような記述になっています。

三、日学法第七条第二項に基づく内閣総理大臣の任命権の在り方について

内閣総理大臣による会員の任命は、推薦された者についてなされねばならず、推薦されていない者を任命することはできない。その上で、日学法第一七条による推薦のとおりに内閣総理大臣が会員を任命すべき義務があるかどうかについて検討する。

(一)まず、

①　日本学術会議が内閣総理大臣の所轄の下の国の行政機関であることから、憲法第六五条及び第七二条の規定の趣旨に照らし、内閣総理大臣は、会員の任命権者として、日本学術会議に人事を通じて一定の監督権を行使することができるものであると考えられること

②　憲法第一五条第一項の規定に明らかにされているところの公務員の終局的任命権が国民にあるという国民主権の原理からすれば、任命権者たる内閣総理大臣が、会員の任命について国民及び国会に対して責任を負えるものでなければならないことからすれば、内閣総理大臣に、日学法第一七条による推薦のとおりに任命すべき義務が

あるとまでは言えないと考えられる。

この論法は、憲法の趣旨を歪曲し、日学法に定められた内閣総理大臣の任命権の意義をわきまえない法解釈です。

まずこの文書中の①についてみてみましょう。

学術会議は、たしかに内閣総理大臣の所轄の下にある国の行政機関ですが、内閣府設置法四〇条三項で「別に法律の定めるところにより内閣府に置かれる特別の機関」とされ、その別の法律とは、「日本学術会議法」と明示されています。それゆえ、内閣総理大臣が、学術会議の会員人事に対して任命権者として行使しうる監督権は、その有無も含めて日学法の定めによるのであって、①が述べるような行政機関一般についての説明をそのままあてはめるのは、日学法の存在を否定するものです。

日学法は、七条二項で「会員は、第一七条の規定による推薦に基づいて、内閣総理大臣が任命する」と規定し、同一七条で「日本学術会議は、規則で定めるところにより、優れた研究又は業績がある科学者のうちから会員の候補者を選考し、内閣府令で定めるところにより、内閣総理大臣に推薦するものとする」と規定しています。これらの規定により、内閣総理大臣による任命は、学術会議が「選考」した会員候補者の「推薦」に基づいて行なわれる形式的なものであって、裁量の余地のない行為であることは、一九八三年の日本学術会議法改正の際の国会答弁や資料などからも明らかです。

また、日学法二六条は、「内閣総理大臣は、会員に会員として不適当な行為があるときは、日本学術会議の申出に基づき、当該会員を退職させることができる」と規定しており、会員の退職すなわち解任についての判断を、学術会議自体に委ねています。

これらから、「内閣総理大臣は、会員の任命権者として、日本学術会議に人事を通じて一定の監督権を行使する」という説明は、日学法の規定に反するもの、その解釈を誤るものと言わざるを得ません。

次に、文書中の②についてです。

憲法一五条一項が、公務員の選定罷免権を国民固有の権利としているのは、あらゆる公務員の終局的任免権が国民にあるという国民主権の原理を表明したものです。これは、「天皇ハ……文武官ヲ任免ス」と定めた明治憲法一〇条の「任官大権」を否定して、憲法一五条二項の公務員の「全体の奉仕者」規定とともに、国民主権下の公務員の本質・地位を宣言したものです。

ただし、一五条一項は、すべての公務員を国民が直接に選定、罷免すべきだとの意味を有するものではなく、この原則に基づいて、日本国憲法は、国民が直接に公務員を選定する場合(衆議院議員、参議院議員、地方公共団体の長と議員)や罷免の権利(最高裁判所裁判官)について定めると同時に、内閣総理大臣、国務大臣、裁判官などについて、それぞれ独自の選定罷免権者を定めています。憲法に明記された公務員以外について、国民の選定罷免権をどう具体化するかについては、国民主権の原則の下で、公務の種類・性質に応じて国会の法律によって決定すべきことであるとされています(樋口陽一他『注解法律学全集　憲法I』青林書院、一九九四年、三三四頁参照)。

憲法が具体的に定めていない公務員の選定罷免や任免について、公務の種類・性質に応じて「国権の最高機関」であり「唯一の立法機関」である国会の法律で定めることこそが、憲法一五条一項から導かれる「国民に対する責任」であり、またその法律を「誠実に執行」することが内閣その他の行政機関に求められることであり、「国会に対する責任」です。

「任命権者たる内閣総理大臣が、会員の任命について国民及び国会に対して」負う責任とは、日学法七条、一七条に従って、今回の会員候補者六名の任命を即座に行なうことに他なりません。

反憲法政治の転換を

今回の任命拒否は、これまで「首相の任命権は形式的なもの」、「任命拒否は想定されていない」と説明してきたものを、「学術会議の推薦のとおりに任命する義務はない」と勝手に法解釈を変更して行なったものです。学術会議の会員人事への介入は、安倍政権時から画策されてきました。そして、憲法解釈、法解釈の勝手な変更による政治の暴走、人事権の行使による強権支配は、安倍政権下で際立ってきました。それは、二〇一五年の安保法制の強行、その前年の集団的自衛権容認の閣議決定、それに先立つ内閣法制局長官人事によって先鞭がつけられました。そして今、「攻撃的兵器は持たない」とする従来の政府方針をかなぐり捨てて、「敵基地攻撃能力」の保持が狙われています。法の支配の破壊と人事権を使った強権支配は、平和と民主主義、そして憲法にとって重大な脅威となっているのです。今回の学術会議会員の任命拒否問題を、こうした安倍政権から菅政権へと引き継がれた反憲法的政治のなかに位置づけることが必要です。

二〇二一年一〇月一九日に開催された国家安全保障会議で、岸田首相は、「防衛力の強化に向けて敵基地攻撃能力の保有も含め、検討するよう指示」しました。先に述べた学術会議の会員任命問題への姿勢を含め、岸田政権は、安倍政権から菅政権の反憲法政治を引き継ぐ姿勢が顕著です。

学問の自由を侵害する憲法違反の政治から、憲法に基づく政治への転換が求められています。

参考文献

佐藤学・上野千鶴子・内田樹編『学問の自由が危ない　日本学術会議問題の深層』晶文社、二〇二一年

4 日本学術会議会員任命拒否事件の現段階

松宮孝明

岸田政権と「任命拒否」

日本学術会議法七条一項は、同会議が二一〇人の会員で組織されると規定し、同条二項は内閣総理大臣が同会議の推薦に基づいて会員を「任命する。」と定め、さらに同条三項は「会員の任期は、六年とし、三年ごとに、その半数を任命する。」と明記する。したがって、同法は「その半数」である一〇五名を新たに任命すべきことを、内閣総理大臣に義務づけている。

二〇二〇年一〇月一日、当時の菅政権は、一〇五名の任命を義務づける右の法規定に反して、日本学術会議(以下、「学術会議」)第二五期・二六期の新会員を九九名しか任命しなかった。[1] この「日本学術会議会員任命拒否事件」からほぼ一年が過ぎたとき、この違法状態を作出し放置した菅政権が倒れ、二〇二一年一〇月四日に岸田政権が発足した。

その岸田政権では、同年一〇月七日に松野博一官房長官が記者会見において、そして同月一一日には岸田文雄総理大臣が国会答弁において、この「任命拒否事件」は菅義偉前総理大臣が最終判断したものだとして任命に関する一連の手続きは終了しているという認識を示した。これは、学術会議の梶田隆章会長が、九月三〇日に、「残念ながら、一年を経過した現時点でも問題の解決も説明もなされぬ状況が続いています。」と述べ[2]、新政権に改めて任命を期待したことに対する、新政権からのネガティヴな応答であった。

その後、学術会議の梶田会長は、同年一二月二日から始まった学術会議総会で、岸田総理に面談を要請し、改めて六人の任命を求める考えを示した。同月三日には、この総会で、同趣旨の「政府と日本学術会議の新たな関係構築に向けての要望書」が採択されている。さらに梶田会長は、「総理との面談が実現しない場合、実現しても芳しくない結果に終わった場合、通常毎年四月に開催する（次期）総会を待つことなく、臨時総会を招集し、学術会議としての次の対応を議論することも考えていきたい」との考えを示している[3]。

これに対しては、岸田政権も無視はできず、二〇二二年一月一三日に岸田総理が梶田会長と面談をした。しかし、その場でも、総理は松野官房長官を窓口とすると述べるのみで、任免拒否問題に迅速に対応する姿勢を示していない。

このことによって、岸田政権は菅政権が作った違法状態を継続させ続けているのである。しかも会員の任期が六年であることから、「手続きは終了」どころか、この問題は最長で二〇二六年まで継続し得ることとなる。

任免拒否のために持ち出された法解釈

ところで、任命拒否を正当化するために持ち出された法解釈は、驚くべきものであった。それは、憲法六七条一項により内閣総理大臣は国民の代表からなる国会の指名を受け、憲法七二条に基づいて内閣を代表しており、その内閣は憲法六五条に基づいて行政権を掌理するのであるから、内閣総理大臣は会員の任命権者として学術会議に人事を通じて一定の監督権を行使でき、また、憲法一五条一項によれば公務員の選定・罷免権は国民の権利であるから、任免権者である内閣総理大臣は、日本学術会議法一七条による推薦の通りに任命すべき義務があるとまでは言えない、というものである。

このような考え方は、当時の山極壽一学術会議会長が関知しないままに作られた二〇一八年一一月一三日付の学術会議事務局名による文書「日本学術会議法一七条による推薦と内閣総理大臣による会員の任命との関係について」に表れている。しかし、そこでも、「任命すべき会員の数を上回る候補者の推薦を求め、その中から任命する」ということが否定されないとされているだけであって、「任命すべき会員の数」を下回る任命が許されるとはされていない。したがって、実は、九九名しか任命しないという状態は、この文書によっても説明できない事態であった。

しかし、さらに問題とすべきは、憲法一五条一項を持ち出す論理である。それは、内閣総理大臣は国会を通じて間接的にせよ国民に選ばれているのだから、内閣総理大臣に任命権がある公務員については、総理が国民の公務員選定罷免権を根拠に自由に選定し罷免することができるといわんばかりのものであった。

憲法の条文をきちんと読めば、憲法一五条一項は「あらゆる公務員の終局的任免権が国民にあるという国民主権の原理を表明したもの[4]」にすぎないことが明らかになる。これは、どの憲法の教科書にも書いてあることである。憲法一五条一項は、決して、内閣総理大臣は自分が任命する公務員を好き勝手に選べることを根拠づける規定ではない。

それどころか、憲法七三条は「内閣は、他の一般行政事務の外、左の事務を行ふ」とした上で、その第一号に「法律を誠実に執行し、国務を総理すること。」と書いてある。そして、日本学術会議法は、ここにいう「法律」である。それは、国民の代表から成る国会において制定されたものである。加えて、同法三条は、学術会議の職務行為の独立性を謳っている。つまり、学術会議は、会員候補の推薦に当たって「任命すべき会員の数を上回る候補者の推薦」の求めに応じる義務はないのである。したがって、内閣総理大臣が同法に従い、学術会議から推薦された候補者一〇五名をそのまま会員に任命することは、まさに、国民の公務員選定罷免権を尊重するものなのである。

付言すれば、「任命すべき会員の数を上回る候補者の推薦」を受けた内閣総理大臣は、科学技術の全分野において日本学術会議法一七条が定める「優れた研究又は業績がある科学者」という基準に照らして会員を選考する能力は持たないのであるから、一〇五名を上回る会員候補者の推薦を受けても、実際には選考は不可能となろう。それを可能にするのは、何らかの「よこしまな」選考基準でしかない。

憲法一五条一項は公務員選任の「一般条項」ではない

このような問題を理解しないで憲法一五条一項を公務員選任の「一般条項」、つまり具体的な内容を持たない要件を定めた規定として用い、意に沿わない公務員は任命しないとかやめさせるといった態度を政権が取り続けるなら、さらに懸念すべきことが浮上する。というのも、形式上内閣総理大臣ないし内閣が任命する役職は、学術会議の会員にかぎらず、多数あるからである。一般の裁判官も、裁判所の名簿にもとづいて内閣が任命するのが憲法八〇条一項の定めるところである。そこで、このような「一般条項」を持ち出したら、裁判官についても自分たちの意向に沿った人間でないと任命しないということもできることになる。

ちなみに、検事総長については、二〇二〇年五月に、政権の意向に沿った人物を任命するための検察官法の歪曲が、世論の厳しい批判を受けてとん挫したことは、記憶に新しい。[5] その後の国家公務員法、検察庁法の改正は、内閣の裁量による定年延長を否定している。[6]

形式的には文科大臣が任命する国立大学の学長についても、同じ懸念がある。それは、学長の権限強化と一体になって、大学の運営を独裁的なものにするおそれがあるからである。現に、旭川医大では、独断専行の上数々の不祥事を起こしたとされる学長に対し、学長選考会議が数々の問題行動を認定し、文科大臣に解任を申し出たと報じられている。[7]

憲法の曲解による総理独裁

このような「一般条項」を持ち出すのは、公務員の人事を通じて全権を内閣総理大臣に集めると言っているのに等しい。このような解釈は、憲法一五条一項をナチスドイツの全権委任法にしてしまうものである。これは民主主義および法治国家の危機でもある。ちなみに、昨今は、コロナ禍に対する政権側の対応の不備を、憲法に緊急事態条項がないせいにする論調が聞かれる。しかし、緊急事態条項は、ワイマール憲法下のドイツにおいて、まさに全権委任法を制定する根拠となったものである。

この点について懸念されるのは、「官邸によるデジタル独裁」ないし「デジタル監視」である。「デジタル独裁(Digital Dictatorship)」とは、イスラエルの歴史学者ユヴァル・ノア・ハラリ氏が二〇一八年一月のダボス会議(世界経済フォーラム年次総会)で語った概念である。それによると、コンピュータサイエンス(AIなど)の進展と生命科学の進化によって、生体情報の解析が可能になり、人間さえも「アルゴリズム」として把握される状況にあり、これにより人が何を考えているのか、何を欲しているのか、どんな感情を抱いているのかなどといったことが、本人が自覚する以上に深く知ることができるようになるという。このように人間を把握したアルゴリズムは、人の感情を操作し意思決定を行うことさえ可能にするのであり、その行きつく先が「デジタル独裁」であるという。

二〇二一年五月一二日、前菅政権が看板政策としていた「デジタル庁」設置を含む「デジタル改革関連法」が成立した。そこでは、内閣総理大臣自身がトップを務め、省庁の上に立つ総理直結機関となる「デジタル庁」を通じた総理権限の強化のほか、個人情報が「デジタル庁」に一元化されるおそれが指摘されている(8)。

「デジタル監視」については、二〇二一年五月一二日付で、海渡雄一氏ら「デジタル監視法案に反対する法律家ネットワーク」による「デジタル監視法案の参議院本会議の可決・成立に強く抗議する法律家・法律家団体の抗議声明」が発表されている。そこでも、「アジャイル型組織としてデジタル庁を通じての内閣総理大臣によるデジタル情報の国家独占管理体制となる危険や、自己情報コントロール権の確立には程遠い不十分な内容であること」が国会審議で明らかになったとしている。「自己情報コントロール権」とは、国や企業などにどんな自己情報が集められているかを知り、不当に使われないよう関与するプライバシー権を意味するが、「デジタル改革関連法」ではこの自己情報コントロール権が明記されず、個人情報保護を後退させる危険、地方自治体による個人情報保護のための取り組みの後退、強大な権限を持つデジタル庁が独裁機関化する危険が指摘されているというのである。

先に述べたような憲法の曲解を、このような「官邸によるデジタル独裁」ないし「デジタル監視」の根拠にしてはならないであろう。

任命拒否の背後にある学術軽視

他方、筆者は、「任命拒否事件」の背景には政権による一貫した学術軽視の姿勢があるとみている。

二〇二〇年一〇月一日に六名の任命拒否が明らかになったあと、学術界だけでなく、法曹界、映画界、文藝・芸術界などから、政府および総理の対応を批判する大きな声が上がった。しかし、それでも当時の菅総理は、——菅総理の下にはすでに六名を除外した名簿しか届いていなかったのに——「総合的・俯瞰的」に判断したとか、——加藤陽子氏という女性候補者も排除しつつ——女性比率が低いとか、——小沢隆一氏を排除することで東京慈恵医科大学所属の学術会議会員はいなくなるのに——特定の大学への偏りがあるとかいった理由にならない理由を挙げた。しかし、他方で菅総理は排除された六人の会員候補のことは名前もほとんど知らなかったと述べているのである。このように、菅総理は自己矛盾の答弁を繰り返すだけで、批判の声を受けてその態度を改めようとしなかった。

同時期の、そのコロナ禍対策に目を転じてみよう。特に感染症の専門家は、早くから、第三波に備えて医療体制を整備せよとかPCR検査体制を拡充せよとか、あるいは感染を拡大するGo Toキャンペーンを中止せよとか、さらにはイギリスで変異種が見つかった二〇二〇年一二月中旬には早く入国規制をせよとかいった意見を述べていた。それにもかかわらず、菅総理は、同年一二月末に至っても緊急事態宣言の発出を先延ばしし、自ら八名ものメンバーでステーキパーティーをするなどして、国民の緊張感を削ぐような態度を取り続けた。

二〇二一年七月のオリンピック前には、政府分科会の尾身茂会長らは「第五波」に突入する中での東京五輪開催を「普通はない」と発言するなど、[9]暗にオリンピックの中止を求めていた。それでも政権は強行にこだわり、感染の急拡大を招いた。その結果、同年八月に入って発表された死者数は、二六日までで一二二人に上り、前月の五九人を大きく上回ったのである。[10]提言に耳を傾けてオリンピックを中止し、そこに投入された医療資源と予算をコロナ対策に振り向けていれば、相当数の死者を減らせていた可能性が高かったであろう。

この悲劇は、何よりも自分の政権の支持基盤だけに、そして支持業界だけに配慮した結果だと言われている。政権は、自己の利益のために、専門家の意見に耳を傾けず、その結果、日本に住む人々の生活と命を脅かしたのである。つまり、専門家軽視という点で、任命拒否とコロナ禍対策の失敗は、同根のものなのである。

しかし、たとえば先の尾身会長ら専門家の発言に対して政権与党の自民幹部は「ちょっと言葉が過ぎる。(尾身氏は)それ(開催)を決める立場にない」とし、「(首相は五輪を)やると言っている。それ以上でも以下でもない」と不快感をにじませたと報じられている。[11]この発言に象徴されるように、当時の政権幹部および与党は専門家軽視という姿勢で貫かれていたのである。

繰り返されるコロナ禍対策の失敗

学術軽視によるコロナ禍対策の失敗は、岸田政権でも繰り返されている。オミクロン株を主体とする第六波に対し、「まん延防止等重点措置」は二月上旬時点で拡大する一方である。この間に、一日当たりの新規感染者数や死者数は最高を記録した。

この感染者の急増により医療機関や保健所の機能が追いつかなくなり、岸田政権は一定の条件下で検査をしない「みなし陽性」を解禁し、濃厚接触者の急増で社会機能の維持が難しくなり、待機期間の短縮を繰り返すなど、場当たり的な対応に終始するようになった。また、各地で無料検査を拡大したことで、今度は検査キットの不足も生じてしまった。

オミクロン株の感染力の高さは、早くから指摘されてきた。海外の情報から、重症化率は低いとはいえ、母数となる感染者数は爆発的に増えるという傾向が見られたのであるから、重症者数自体はこれまで以上に増えることも予想できたはずである。それにもかかわらず、この時点で医療機関や保健所の機能がマヒ状態に近くなったり検査キットが不足したりしているのである。

その背景には、岸田政権もまた、医療機関や保健所の統廃合といった「新自由主義」的医療政策を根本的には転換していないという問題がある。もちろん、これに対しては、医療現場の専門家などから強い批判がある。大事なことは、このような真の学術の専門家からの意見を聴く耳を持つことである。

学術軽視がもたらすもの――コロナ禍対策と「共謀罪」を例に

このように、学術軽視は、私たちの生活や、場合によっては命を脅かすことにもなる。新型コロナウイルスの影響を受けたこの二年間は、まさにそのことを実感できた期間であった。特に感染拡大の「第五波」では、医療の専門家からの警告に政権が十分に耳を傾けず対策が遅れた。医療体制が逼迫し、入院できず自宅で死亡する人が続出したのである(12)。右のように、コロナ禍の「第六波」でも状況は変わらない。さらに、震災や洪水などそれ以外の災害をも考慮するなら、政権がこのような学術軽視の姿勢を続けてはならないと考える。

筆者の専門分野である刑事法について言えば、二〇一七年に強行採決で成立した「共謀罪」の問題がある。「共謀罪」と呼ばれるのは、組織的犯罪処罰法六条の二にある「テロリズム集団その他の組織的犯罪集団による実行準備行為を伴う重大犯罪遂行の計画」というタイトルの犯罪である。これは、簡単に言えば、組織的犯罪集団が行うものとして計画された窃盗罪を含む二七〇以上の罪については、それを二人以上で計画(＝共謀)し、その計画をした者のうちの誰かが犯罪実行のための何らかの準備行為をした場合には、計画に参加した者はみな刑務所に入れるというものである。

実は、二〇〇三年に初めて国会に提出された「共謀罪」法案では、本罪の対象犯罪は組織的犯罪処罰法の別表に列挙されておらず、また「準備行為」という要件も付けられていなかった。というのも、この法案のもとになった二〇〇二年九月三日の法務大臣諮問五八号に基づいて「共謀罪」を審議した法制審議会「刑事法(国連国際組織犯罪条約関係)部会」では、別表も「準備行為」も付いていなかった同罪の「要綱(骨子)」内容を、ほぼそのまま答申したからである。

しかし、その結果、対象犯罪には爆発物取締罰則四条にある爆発物使用の共謀罪や業務上過失致死傷罪といった故意のない犯罪も含まれてしまった。「共謀罪」を共謀するとはいったいどういうことであろうか。また、故意のない犯罪を共謀するとはどういうことであろうか。さらに、「準備行為」も何もない「共謀」を処罰することは、「犯罪は行為である」という近代刑法の大原則に逆行するではないか。

こういった矛盾が指摘されて、二〇一七年に法案が国会に再提出されたときには、同罪の対象犯罪は別表に限定列挙され、「準備行為」も付加されて、ようやく国会を通過したのである。

それでも「共謀罪」には大変な問題がある。しかし、ここで注目してほしいのは、このようなばかばかしいとも思える問題点に、専門家の集まりである法制審議会の刑事法部会がなぜ気づけなかったのかという点である。筆者は、「準備行為」がないことの問題性を早くから指摘していた[13]。しかし、「要綱（骨子）」に反対していた弁護士委員を除いて、同部会の委員、特に学者委員はこれを問題視しなかった。その態度は、結局は、法案成立の足かせになったのである。

現在、法制審議会の少なくとも刑事法関係の部会では、学者委員は法務省の一本釣りである。その結果、法務大臣の諮問に対しては、期待される発言をする学者委員ばかりが選ばれる傾向にある。しかし、「共謀罪」をめぐる以上の経緯は、専門家の意見を聴く際には「イエスマン」ばかり選んではならないことを示唆している。中立的な専門家あるいは学協会の推薦に基づかずに諮問する側が委員を「一本釣り」するから、こういうことになるのである。

他方、日本学術会議法四条では、政府が同条に列挙された事項について学術会議に諮問することができるとある。しかし、同法三条により、学術会議は科学に関する重要事項を独立して審議する機関である。したがって、諮問を受けても、これを審議する学術会議の委員は政府により「一本釣り」されることはない。その結果、諮問に対する答申において、学術会議側が科学の立場を離れて諮問者に「忖度」することもない。学術会議の委員が同会議の推薦に基づいて選ばれなければならない理由は、ここにもある。

学問の自由と学術政策

一九五〇年の「戦争を目的とする科学の研究には絶対従わない決意の表明(声明)」に見られるように、学術会議は、その創立のときから、研究者が軍事研究を強いられたという戦争の反省の上に立って作られた組織である。筆者には、軍事研究に反対するのは、この会議の思想的存立基盤のように思われる。その理由は、日本では科学者がみな戦争に動員されたという苦い経験にもあるが、あわせて、軍事研究に突っ込んでいくと、科学者自身が悲劇にまきこまれるということもあると思う。

二〇一五年に日本でも公開され、アメリカではアカデミー賞も得た『イミテーション・ゲーム/エニグマと天才数学者の秘密』という映画がある。第二次世界大戦中にドイツ軍が使用した暗号「エニグマ」を解読した天才数学者アラン・チューリングの悲劇を描いたものである。彼は、自分が「エニグマ」を解読したという事実を戦後も秘密にされた。しかも、当時は犯罪であった同性愛で有罪となり、失意のうちに自殺したと伝えられている。その彼が開発した「チューリングマシーン」は、今のコンピュータの原型とされている。

原水爆の開発もそうであるが、自然科学だけで軍事研究に突っ走った研究者は、どんなに成果を上げても、それを発表する自由がないことがよくわかるエピソードである。そして、そのようなことにならないように、自然科学と人文科学は車の両輪でなければならないということがよくわかる。

ところで、最近は「敵基地攻撃能力」という言葉が盛んに聞かれるようになった。米中の対立の中でアメリカと軍事同盟を結んでいる日本では、緊張関係のいかんによって大学も含め、総力を挙げて軍事研究をせよということかもしれない。防衛装備庁の「安全保障技術研究推進制度」に対して慎重な姿勢を求める二〇一七年の学術会議「軍事的安全保障研究に関する声明」は、日本の科学技術を軍事に総動員したいと思っている今の政権には、目障りな存在なのかもしれない。

学問の自由は研究成果の公表の自由を含む

しかし、軍事研究は、研究者にとって大変不自由な研究であることは、チューリングの悲劇が象徴している。軍事研究で若い研究者が研究成果を上げた場合を考えてみよう。例えば絶対にレーダーに見つからないようなミサイルの素材が開発できたとすれば、これを学術雑誌に投稿して自分の業績として公表できるであろうか。させてもらえるはずはない。そんなことをしたら「仮想敵」に対する軍事的優位を保てなくなるからである。そのために、特定秘密保護法が二〇一三年に制定されている。

筆者は、自由に研究成果を公表し、学問で得た成果を世界の人々の幸福に役立てることも、学問の自由に属するものと考えている。日本学術会議法の前文が「人類社会の福祉に貢献」すると述べているのも、これを意味しているものと思われる。

軍事研究ではそれができなくなる。二〇一七年の声明において、研究者養成についても提言しなければいけない学術会議は、「大学等の各研究機関は、施設・情報・知的財産等の管理責任を有し、国内外に開かれた自由な研究・教育環境を維持する責任を負うことから、軍事的安全保障研究と見なされる可能性のある研究について、その適切性を目的、方法、応用の妥当性の観点から技術的・倫理的に審査する制度を設けるべきである。」(傍点筆者)と言わざるを得ない。そのような守秘義務を伴うリスクの高い研究を若手研究者養成も使命とする大学でやらせてはならないからである。守秘義務を伴う軍事研究がどうしても必要だというのなら、それは研究者の人生を丸抱えする覚悟のある機関で行うべきであろう。

したがって、学術会議の二〇一七年の声明がなくても、大学から防衛装備庁の「安全保障技術研究推進制度」に応募する件数は少ないままだったであろう。学術会議が言おうが言うまいが、そんなところに手を出したら大変なことになると、研究者とくに理系の研究者は直感的にわかっているであろう。つまり、実際には守秘義務を伴うリスクの高い軍事研究を政府が無理にやらせる、あるいはそれに誘導すること自体が、学問の自由を害してしまうのである。言い換えれば、学問の自由は研究成果の公表の自由を含む。

「学術会議のあり方」問題と「ステークホルダー」

「任命拒否事件」の論点ずらしであろうか、この「事件」の後追いをするかのように、政府や自民党の中で「学術会議のあり方」が論じられるようになってきた。現在、この「学術会議のあり方」問題は、学術会議の自主改革の努力と別に、内閣府の「総合科学技術・イノベーション会議」(CSTI)において「日本学術会議の在り方に関する政策討議」(以下、「政策討議」)という名の下で議論されており、二〇二二年一月二一日に「日本学術会議の在り方に関する政策討議取りまとめ」(以下、「取りまとめ」)が公刊されている。

CSTIとは、内閣総理大臣を議長として、六名の閣僚と七名の有識者議員および「関係機関の長」としての学術会議会長の一四名の議員から成る組織である。うち、常勤議員は一名であり、学者・研究者と言えるのは四名ほどで、七名の有識者議員のうちの三名は産業界を代表する議員である。

この「政策討議」での日本学術会議の在り方についての自由討議は非公開とされている。それ自体問題であるが、その一端は、先の「取りまとめ」から見ることができる。これを見ると、「ステークホルダー」というキーワードが五カ所で使われている。

曰く、「〔学術会議は〕、政策立案者、産業界、報道機関、市民等の実際に科学的助言を活用するステークホルダーと十分な意見交換を行い、実態の把握と分析を行いつつ、中長期的、俯瞰的分野横断的な課題を設定し、具体的に何を検討するかあらかじめ明確化することが必要となる」、「科学的助言については、社会の重要な諸問題に関する中長期的、俯瞰的分野横断的な観点からの学術的知見の提示に対するニーズが高まる中、テーマ設定から発出後のフォローアップまで、ステークホルダーと十分に意見交換を重ねていくことが強く求められている。」、「日本学術会議側からの単なる情報発信ではなく、科学的助言活動におけるステークホルダーとの双方向のコミュニケーションはもちろん、国民の思いやニーズ・関心を把握するための双方向のコミュニケーションが重要である」(傍点筆者)といった具合である。

他方、学術会議の自己改革については、「本政策討議では、政策立案者等への時宜を得た科学的助言や社会からの要請への対応という観点から、日本学術会議の外のステークホルダーとのコミュニケーションがより日常的になされるべきではないかという指摘が多くなされ、これまでの日本学術会議の対応が十分なものではなかったという認識が示されたのである。」(傍点筆者)という。

ところで、「ステークホルダー(stakeholder)」とは、もともと、企業・行政・NPO等の利害と行動に直接・間接的な利害関係を有する者を指す言葉である。日本語で言えば利害関係者である。具体的には、消費者(顧客)、従業員、株主、債権者、仕入先、得意先、地域社会、行政機関などである。この言葉を、企業ではない学術会議に用いるからには、その定義が必要である。この「政策討議」では、それは「政策立案者、産業界、報道機関、市民等」と解されているようである。

他方、学術会議の側は、たとえば二〇二一年四月二二日の「日本学術会議のより良い役割発揮に向けて」等において、「ステークホルダー」という言葉を国民、研究者、政府・行政関係者、報道機関を意味するものとして用いている。

一見してわかるように、CSTIの「取りまとめ」では、冒頭に「政策立案者、産業界」が出てくる。ここには、学術会議が重視する「国民、研究者」が抜けているのである。とくに、学術ないし科学研究における最も身近な利害関係者は、常識的には、学者・研究者といった研究の担い手自身である。「取りまとめ」でこれが抜けていることは、一四名の議員中、内閣総理大臣と六名の閣僚、三名の産業界出身の議員が占めているCSTIが、そして「取りまとめ」に携わった七名（うち三名の産業界出身）の議員が、誰を科学技術の利害関係者として重視しているかを象徴しているように思われる。

ところで、日本学術会議法では、学術会議は「人類社会の福祉に貢献し、世界の学界と提携して学術の進歩に寄与することを使命とし」（前文）、「科学の向上発達を図り、行政、産業及び国民生活に科学を反映浸透させることを目的とする」（同法二条）と謳われている。したがって、学術会議のステークホルダーは、まずは人類社会、世界の学界なのであり、「行政、産業及び国民」は科学を反映浸透させる対象である。政策立案者、産業界、報道機関は、本来はこれに奉仕するエージェントではなかろうか。「ステークホルダー」という言葉を用いることで、この序列が歪められてはならないであろう。

「選択と集中」あるいは「成果主義的資源配分」政策の問題性

話を学問の自由に戻そう。学問の自由にとっては、「何を学問するか」は現場に任せた方がよい。二〇二一年度のノーベル物理学賞を受賞した真鍋淑郎氏は、「研究は好奇心から」と言い「私は人生で一度も研究計画書を書いたことがありませんでした。」と述べている[14]。後に大きな成果を上げる研究というものは、最初はどんな成果につながるかはわからないことが多い。ちなみに、筆者も、研究計画書を書くことを嫌っている。思いもかけなかった成果が出てくることが研究の醍醐味なのだし、研究計画書を書く暇があったら研究そのものに時間を使った方がよいからである。

ところが、今の日本の科学技術政策は、そうではなくて、何を研究するかを上から判断する「選択と集中」路線を突き進んでいる。「選択と集中」に象徴される国、文科省、CSTIの政策に、地方国立大をはじめとして、わが国の大学はあえいでいる。たとえば、二〇一八年の総合科学技術会議「諮問第一七号「統合イノベーション戦略について」に対する答申」に現れた「選択」と「集中」という単語を検索してみるとよい。

それにもかかわらず、自民党元幹事長の甘利明氏は、「日本の大学のランクが落ちている。国の補助金を待っているだけの受け身の大学ばかりだからだ。」「その改革をするところには研究費を積み増す（制度を作った）。」という発言をした[15]。これは、研究というものをあまりにわかっていない発言である。実は、少額を幅広く配分する研究種目のほうが、論文数および高注目度論文数は高い。

残念ながら、このような政策の結果、文部科学省の科学技術・学術政策研究所（NISTEP）が、日本を含めた世界主要国の科学技術活動を体系的に分析した「科学技術指標」の二〇二一年版では、注目度の高い論文数で日本は昨年の九位から一〇位に順位を落とした。日本の研究活動の国際的地位向上が喫緊の重要課題であることがあらためて示されたというわけである[16]。

この点につき、学術会議は、二〇二一年一二月一一日に開催した学術フォーラム「我が国の学術政策と研究力に関する学術フォーラム――我が国の研究力の現状とその要因を探る――」において、「日本の学術の国際競争力の後退が顕著に表れている。」という認識を示した[17]。それも、「我が国では一九九〇年代初頭から、国立大学の大学院重点化や法人化など、教育研究機関の「改革」が次々に実施されるとともに、CSTI創設をはじめとする科学技術の振興に関する政策も大きく変化した」にもかかわらず、「この凋落傾向は改善されないばかりか、むしろ近年は加速傾向にある。」というのである。

また、同日のフォーラムでは、鈴鹿医療科学大学の豊田長康氏が、研究論文の量と質を決めるのはフルタイムの研究従事者数と公的大学研究資金の額――中でも人件費――であり、また研究に専念できる時間にあることを指摘した。さらに、豊田氏は、二〇〇四年を境に日本の研究（競争）力低下が始まったこと、日本の人口当たりの研究従事者数、政府から大学への研究資金および人口当たり博士課程学生数はＯＥＣＤ諸国の中で最低クラスにあることをデータで示している。そこでは、この二〇〇四年を境とする日本の研究力低下は、私立大学での低下が軽微だったことから、国公立大学の法人化に随伴した政策による影響と考えられると述べられている。

その要因としては、国立大学の教職員定員削減、運営費交付金総額の減少、大学間の「選択と集中」、学長裁量経費等戦略的経費確保と教員基礎研究費の減少という大学内の「選択と集中」、教員・研究者の有期雇用増によるキャリアの不安定化が示唆される。加えて、博士課程学生数の減少と教育改革・社会貢献等の業務増大による研究時間の減少、複雑かつ重層的評価制度による評価疲れ、競争的資金に係る申請・報告・各種業務作業の増大、短期間のプロジェクトによる短期間での成果の要求、教育負担、経営負担増が挙げられ、このような研究者が研究に没頭できる環境にマイナスとなる事象や政策が、研究力低下に関係する可能性のある要因であるとされる。

そこから、交付金の削減、研究従事者数および研究時間の減少、選択と集中、成果指標に基づくメリハリ配分（新自由主義的政策？）によって疲弊した日本の大学の研究力復活のためには、「〔研究従事者の〕最低賃金の確保と分厚い中間層の復活」が不可欠であり、「海外と戦うためには、そして、日本の経済成長のためには、日本の極端でいびつな大学間傾斜からは、もはや「選択と集中」や「メリハリ配分」の効果は小さく、大規模大も地方大もいっしょに協働し、総力戦でもって、全国津々浦々に柔軟に機能する研究エコシステムを展開することが重要」だというのである(18)。

ここでは、科学技術政策の「選択と集中」からの転換が求められていることと、そしてそれを推進してきた国、文科省、ＣＳＴＩの政策の限界は明らかである。この「耳の痛い話」に、国、文科省、ＣＳＴＩはもっと耳を傾け、現場の痛みを共有しなければならない。

学術と政治のあるべき関係

繰り返す。「何を学問するか」は現場に任せた方がよい。そのために、日本学術会議法三条は、同会議の職務として、「科学に関する重要事項を審議し、その実現を図ること。」と「科学に関する研究の連絡を図り、その能率を向上させること。」を挙げつつ、「日本学術会議は、独立して左の職務を行う。」としている。また、憲法二三条は「学問の自由は、これを保障する。」と定めている。

しかし、誤解を避けるために言えば、ここに表れている学術と政治のあるべき関係は、政治が一方的に学術側の要請に従うことではない。というより、学術の専門家はたいていオールラウンドプレイヤーではない。学者・研究者は、本来、自分の専門の見地から勝手なことを言うのであって、それを総合調整して政策を決めるのは、政治の責任なのである。したがって、政治の側には、学術の側からの多様な、場合によっては「耳の痛い話」を聴きつつ、時々の重点を判断して政策化することが求められる。

しかし、学術の側からの真に役に立つ話を聴くためには、学術は自由でなければならない。学者・研究者には、その専門の見地から、勝手なことを自由に言わせなければならないのである。

他方、この総合調整の任務を政治に任せきりにしてよいかというと、そうでもない。任せきりにした結果が、先の大戦で焦土と化した国土であり、その象徴としての原爆投下である。日本学術会議法の前文が「科学が文化国家の基礎であるという確信に立つて、科学者の総意の下に、わが国の平和的復興……に寄与すること」も使命としているのは、わが国の復興を政治家任せにしてはおられないという意味でもあろう。つまり、学者・研究者＝科学者は、日本学術会議という学際的な組織に知恵を持ち寄って、これを学問の側から総合化・政策化する任務を負っているのである。

そのためにも、日本学術会議の会員任命を拒否し続ける政権であり続けてはならない。

任命拒否事件の現段階

この事件に関しては、二〇二一年四月に、内閣府を始めとする関係省庁に、千名を超える法律家有志による情報公開請求と、任命を拒否された六名による個人情報開示請求が行われた。これに対しては、同年六月に、内閣府大臣官房長らの「不開示」とする回答のほか、「その存否を答えること自体が、公正かつ円滑な人事の確保に支障を及ぼす恐れがある情報を開示することになる」とする回答をしたところもあった。

これに対して、右の情報公開請求者と任命を拒否された六名は、ただちに、それぞれ情報公開法と個人情報保護法に基づく審査請求を行った。現在、この請求は、ようやく、情報公開・個人情報保護法四三条一項の規定により情報公開・個人情報保護審査会に諮問された段階である。

情報公開・個人情報保護審査会の委員は、「忖度」官僚ではなく、元裁判官や法学系の大学教員、弁護士などで構成されている。この審査を通じて関係省庁の持つ関連情報が開示され、任命拒否事件の「闇」に光が当てられることが期待される。これは、日本の学術の自由と独立を守るものなのである。

（1）学術会議の会員の任期は六年であるが、会期は三年であり、したがって二〇二〇年に任命される新会員は「第二五期・第二六期会員」である。
（2）梶田隆章「日本学術会議会長談話　第二五期日本学術会議発足一年にあたって（所感）」(https://www.scj.go.jp/ja/head/pdf/210930.pdf)。
（3）朝日新聞デジタル二〇二一年一二月二日「学術会議の梶田会長、岸田首相との面談を要請へ任命拒否問題で表明」(https://digital.asahi.com/articles/ASPD244JDPD2ULBJ002.html)。
（4）宮澤俊義・芦部信喜補訂『全訂日本国憲法』(日本評論社、一九七八年)二一九頁。
（5）たとえば、二〇二〇年五月二六日付の東京新聞記事など。
（6）二〇二一年四月二三日付朝日新聞記事など。
（7）NHKは、二〇二一年六月二八日に、「旭川医大　学長解任決議は〝パワハラや不正支出など理由〟」と報じている。
（8）二〇二一年五月一三日付東京新聞記事。
（9）二〇二一年六月三日付毎日新聞記事など。
（10）二〇二一年八月二七日付朝日新聞デジタル。

(11)二〇二一年六月三日付朝日新聞デジタル。

(12)二〇二一年一〇月一日付読売新聞オンラインなど。この「自宅死」は人災であるとする指摘もある。二〇二一年九月二三日付AERAdot.

(13)たとえば、「実体刑法とその「国際化」――またはグローバリゼーション――に伴う諸問題」法律時報七五巻二号(二〇〇三年)二七頁。もちろん、そこでは、重大犯罪にはすでに「予備罪」ないし「準備罪」が規定されており、また、その「共謀共同正犯」も判例によって処罰可能であるから、日本の裁判所で「共謀罪」が適用されることはまずないことも指摘していた。現時点でも「共謀罪」が適用された例を、筆者は寡聞にして知らない。このような「無駄な立法」であるとの指摘も、法制審議会の学者委員からは出なかったのである。

(14)二〇二一年一〇月七日付The Asahi Shimbun GLOBE+など。

(15)二〇二一年一〇月二一日付朝日新聞デジタル。

(16)二〇二一年八月一七日付Science Portalなど。

(17)このフォーラムの概要と報告は、日本学術会議のホームページ(https://www.scj.go.jp/ja/event/2021/315-s-1211.html)から知ることができる。

(18)豊田長康氏の報告については、日本学術会議のホームページ(https://www.scj.go.jp/ja/event/pdf3/315-s-1211-t3.pdf)参照。

1　はじめに

「ポスト真実」(post-truth)という言葉は、ドナルド・トランプ米・前大統領ら右翼ポピュリストと言われる政治家の影響が拡大し、フェイクニュースの氾濫によって、現代政治の言説において真実と虚偽との境界線がきわめてあいまいなものとなった事態を表現する言葉として登場し、『オックスフォード英語辞書』に二〇一六年の「今年の言葉」として選ばれるまでになった。それは、「世論の形成において、客観的な事実よりも感情や個人的な思い込みへの訴えかけのほうが影響力を発揮している状況」を意味する。つまり、「ポスト真実」とは「客観的な事実」の危機、すなわち民主主義の危機にほかならない(マルクス・ガブリエル、マイケル・ハート、ポール・メイソン、斎藤幸平編　二〇一九)。なぜなら、「嘘は、客観的事実だけでなく、道徳や人権への意識も弱体化させます。嘘が公共圏に広がると、民主主義の条件は破壊され、全体主義の運動の台頭につながる」(同前)からである。

統計データや公文書の改竄《かいざん》などにみられるように、このポスト真実の政治状況は、日本においても深刻さを加えており、日本学術会議問題は、その端的な一例と言える。二〇二〇年一〇

5
ポスト真実の政治状況と人文知

芦名定道

月一日に、日本学術会議推薦の六名の会員任命拒否が発覚してからしばらくの間、デマに継ぐデマ、ウソに継ぐウソが、有力政治家、マスメディアの解説者、評論家(専門家)から飛び出した。「日本学術会議は中国の軍事研究に協力している」「アメリカやイギリスでは学術団体は政府から財政的支援を受けていない」「学術会議会員になると年金がもらえる」「学術会議は二〇〇七年以降政府に答申を出しておらず活動が見えない」などなど――これらのデマの真偽については後ほど検討する――まともな討論を回避し説明責任を果たさないのも、「ポスト真実」の典型である。

この「ポスト真実」の状況の中で、人文知(科学者の良心/倫理)になにができるか、なにが期待されるか、また、これがメディアの問題といかに関わるのか。これらが本稿のテーマである。「ポスト真実」、メディア、人文知といった視点から、日本学術会議問題について考えたい。

なお、本稿では、ポスト真実との対比に力点をおくことを優先したために、真理・真実(truth)自体について十分な議論を行うことができない点をお断りしておきたい。真理・真実の社会的構成性や歴史性についての認識が広く共有されていること、したがって「事実・実在と神話・フィクション」という単純な二分法が成り立たないことはいわば現代思想の前提に属するが、以下においては、この前提を念頭におきつつも、真理・真実が民主主義の基盤であるとの論点から議論が進められる(しかし、素朴実在論と真理の模写説は本稿の立場ではない)[1]。また、ポスト真実の状況における真理論については、斎藤幸平編『未来への大分岐』のマルクス・ガブリエルの議論などを参照いただきたい。

2 「ポスト真実」を掘り下げる

改めて、「ポスト真実」と言われる事態を見るとき、それは実質的には政治的言説において以前から存在してきたものであることに気づく。ハンナ・アーレントは、「ポスト真実」の議論においてしばしば引用される思想家であり、先の引用の斎藤幸平編著やミチコ・カクタニ『真実の終わり』(二〇一九)においても、「アーレントの言葉は、今日の読者にとって警戒すべきことに、別世紀からの伝言というよりも、私たちを取り巻いている政治的・文化的状況の、身の毛のよだつような鏡になりつつある」として、「ポスト真実」の分析がなされている。カクタニの著書では、一九八〇年代ごろから顕著になった現代思想の諸潮流、とりわけポストモダン哲学の影響が指摘されるが、アーレントへの言及は、「ポスト真実」が実はアーレントの射程のうちに入っていたということを裏づけている。

アーレントへの言及は偶然ではない。まさに、アーレントの思想的テーマであった全体主義が「ポスト真実」の一形態あるいは先行例ということも決して的外れではないだろう。つまり、全体主義プロパガンダが科学的実証性を装った指導者の無謬《むびゅう》性を大衆に信じ込ませようとしたとき、たしかに、そこには事実と虚偽の区別(経験の現実性)と真と偽の区別(思考の基準)を喪失した状況が生じていたのである。しかし、それはヒトラーやスターリンの独創ではない。

全体主義プロパガンダは大衆プロパガンダの技術を完成させている。だがそれを発明したのではないし、そのテーマを案出したわけでもない。テーマのほうはすでに、帝国主義が国民国家の墓穴を掘ったあの五十年間にすっかり用意が整っていて、その同じ時期にヨーロッパの政治の舞台に登場していたモッブがそれらを多面的に活用していた。

(ハンナ・アーレント『全体主義の起原　3　新版』)

この全体主義に至る真と偽の区別の喪失は、アーレントと同時代にナチズムと命をかけて対決した神学者ディートリヒ・ボンヘッファーが『倫理』において指摘した事態でもあった。つまり、現代は悪人と聖人のいずれもが公然と姿を現して活動しているが、しかし、悪人は単純に悪人であるわけではなく一種の徳を備えている、と。「悪が、光・善・真実・更新の衣をまとって現われ、また歴史的必然性や社会的正義という衣をまとって現れる」という状況は、近現代の混迷を鋭く指し示している。そのとき、善と悪の両義性は極まり、倫理学の理論的な洞察は無効になり、人々は全体主義プロパガンダに飲み込まれる。おそらく、全体主義が露わにしたこの状況は、少なくとも近代の民主主義とともに始まっていたと言うべきであろう(2)。

本稿では、本格的な議論を展開する余裕はないが、「ポスト真実」の思想的背景を、近代民主主義の成立期にまで遡って確認することにしたい。それは、ジョルジョ・アガンベンが同意民主主義の特性として論じている問題に関わっている。

喝采や栄光の機能は、世論や同意といった近代的な形で、現代民主主義国家の政治装置の中心に依然として位置を占めている。じつのところ、メディアが近代民主主義国家においてかくも重要なのは、メディアによって世論の制御や統治が可能になるからというだけではない。加えてとりわけ、メディアによって栄光が運営や配剤の対象となるからでもある。近代においては消滅したと思われていた、権力のもつ喝采的・栄誦的な面である栄光がである。……栄光とオイコノミアを同意という喝采の形式と全面的に同一化させたということ、これこそが現代民主主義国家に特有の、またその国家のなす「同意による統治(government by consent)」に特有の力量である。

(ジョルジョ・アガンベン『王国と栄光――オイコノミアと統治の神学的系譜学のために』)

政権の正当性が伝統的な権威によってではなく、選挙によって決せられるべきものとなったとき、政治家にとって世論を味方につけることは決定的な意味を有することになる。こうして真偽や善悪を見分ける民衆の判断力を操作する努力がなされることになった。本稿では後にキリスト教思想(聖書)を参照するが、この民主主義と同意との連関をめぐるアガンベンによる指摘は、一七世紀にピューリタンの一翼を担った「レヴェラーズ(水平派)」が「人民協約」を掲げて軍総評議会(パトニー討論、一六四七年)で論争を挑んだ際に主張した「成年男子普通選挙権」において確かめることができる。近代民主主義は同意の原理に基づいており、同意は選挙において表明されるのである。

自分自身がその支配に服従することについて、なんの発言権ももたないような政府に対しては、たとえイングランドのもっとも貧しいひとでさえも、厳密な意味においては、なんの服従する義務も負わない。

（A・D・リンゼイ『民主主義の本質――イギリス・デモクラシーとピュウリタニズム』）

したがって、「ポスト真実」は、近代の政治過程においてすでに始まっていた動向が顕在化したものと言えよう。それは、近代民主主義自体の本質に関わるものであるだけに、その根は深い。マスメディアも学者・専門家も、そのために動員され奉仕を迫られたのである。あるいはむしろ、アガンベンの指摘からわかるように、マスメディアははじめからこうした動向と無関係ではなかったと言うべきかもしれない。この政治、マスメディア、専門家が現代日本の「ポスト真実」的状況で、いかに具体的に振る舞っているかについては、たとえば、斎藤貴男『国民のしつけ方』(二〇一七)が豊富な事例に基づいた明晰な分析を行っている。

アーレントらの議論に対して、現在の「ポスト真実」の新しさは、以前ならば隠然とした仕方で行われてきたことが、現代政治(マスメディア、ジャーナリズム、科学者・専門家がその言説を担当する)においては、いよいよ露骨な仕方で表明されるに至った点に認められる。まさに、日本学術会議問題は、現代日本が置かれた政治状況、つまり、顕在化した「ポスト真実」というべき事態を映し出している。それは、新型コロナウイルス感染拡大に対する政府の対応にも現れている。もちろん、この点における評価は様々であると思われるが、政府のコロナ対策[3]から、現代社会において真実・事実の把握がいかに困難であるかを痛感した人は決して少なくないだろう。

ウソをつきそれを開き直り、説明を拒否する政治（最近の政権による疑惑をめぐる再調査拒否はこれに関わる）は、政治的なものに属する正当なレトリックではなく、アーレント的には全体主義への道、ボンヘッファーがナチズムに見たものである。また、事実こそが民主主義の基盤であるとすれば、日本学術会議問題は日本の民主主義が危険水域に入りつつある、ということにほかならない。二〇二一年一〇月頃から問題が指摘される「Dappi」をめぐる疑惑[4]は、「ネトウヨ層が野党などを攻撃する際に使えるような「素材」を素早くタイムリーに提供」するなど、その背後にうごめいている闇には深いものが感じられる（『週刊金曜日』二〇二一年一一月一二日（一三五三号））。

真実が語られないところで、どうして正常な投票行動が可能だろうか。自己責任を語るのならば、その前提である情報公開（真実を語ること）をまじめに行うべきだろう。これは、先に引用の著作でリンゼイが、「同意の原理」に対して「討論の原理」と呼んだものに関わっている。同意という到達点は、討論を経ることが必要であり、討論が適切な同意に至るためには、まず、

「事実」が明らかにされねばならないからである。

3　知恵思想から人文知へ

今日問われるべきは、「ポスト真実」の政治状況に対して、人文知になにができるか――先に言及したボンヘッファー『倫理』の中心に位置するのは良心の問題である――、人文知はいかなる役割を果たすことができるのか、である。この問いに答えるために、次に、論者の専門領域から聖書の預言者・知恵思想を取りあげたい。これは、旧約聖書の知恵思想が、古代イスラエルという弱小国家が列強の狭間で生き残りの戦略を練り上げる基礎となったという点で、日本の政治状況を考える際に一定の手がかりとなることが期待できるからである。

知恵思想とは、古代のオリエント(エジプトからメソポタミアまで)に誕生した王国や帝国において、対外的な外交などを担う官僚を養成するための「学校」という場で蓄積されてきたものと言われる(G・フォン・ラート　一九八八)。旧約聖書の主役とも言える古代イスラエル民族も後発ながら、王国形成期に入ると宮廷の周辺に知恵思想の形成が認められるようになったが、その知恵思想には、民族の自己同一性を確認可能なものにすると同時に国際的な状況への適応を可能にする知の伝統形成が求められた。民族の自己同一性を確認可能なものにするという点は、旧約聖書の代表的な知恵文学である「箴言《しんげん》」の次の言葉に示されている。「わが子よ、父の諭しに聞き従え。母の教えをおろそかにするな」（一章八節）。知恵は、世代を超えて伝承し蓄積され、それを習得することが民族の一員となる条件である。また、国際的な状況への適応は、旧約聖書の知恵思想が、先行するエジプトなどの知恵文学を参照しそれを組み込んでいる点に確認できる。これは、明治の近代日本において、新しい近代的科学的な知識の担い手という帝国大学に対して期待された役割と比することができるだろう。また、この知恵は、既存の秩序を前提にそれを正当化するという意味で、しばしばイデオロギー的に機能する。

しかし旧約聖書の知恵思想は、それだけにとどまらない。同じ知恵文学でも、「コヘレトの言葉」や「ヨブ記」には、「箴言」に見られる慣習的知恵（共同体の既存の秩序をすべての世代が反復すべきものとして正当化する）とは異なるタイプの知恵を見いだすことができる。それは、既存の知に対する深刻な懐疑を伴った知恵である。古代イスラエル王国の分裂と崩壊（バビロン捕囚）は、大きな社会変動を引き起こし、そこに生きる個人は既存の秩序に頼ることが困難になる。「なんという空しさ、なんという空しさ、すべては空しい」（コヘレトの言葉一章二節）、「わたしの生まれた日は消えうせよ。男の子をみごもったことを告げた夜も。その日は闇となれ」

(ヨブ記三章三〜四節)。王国崩壊期に、古代イスラエルの知恵は、慣習的知恵の継承だけでは対応できない壁に突き当たることになった。それは、痛烈な社会批判を展開した預言者の思想――「災いだ、偽りの判決を下す者、労苦を負わせる宣告文を記す者は。彼らは弱い者の訴えを退け、わたしの民の貧しい者から権利を奪い、やもめを餌食とし、みなしごを略奪する」(イザヤ書一〇章一〜二節)――と合流し、新約聖書の思想へと流れ込むことになる。

既存の伝統への懐疑と批判は新しい知恵の前提となった。たとえばこの半世紀の新約聖書研究の成果が示すように、ナザレのイエスの宗教運動は、伝統的な慣習的知恵を転倒し、新しい秩序の到来を告げるものであった(「神の国は近づいた」マルコ福音書一章一五節)。この新しい知恵の特徴は、「安息日は、人のために定められた。人が安息日のためにあるのではない」(マルコ福音書二章二七節)などの言葉に端的に表れている。安息日を聖なる日とする律法の規定にしたがって人間の行動を縛る慣習的知恵を転倒し、律法(法律)は人間のためにあるという転換的知恵を主張する点は、イエスの知恵思想の面目躍如と言うべきであろう。まとめれば、次のようになる。

クロッサンが指摘するように、社会秩序との関わり合いにおいて知恵には二つの種類が区別できる。第一の知恵は、既存の社会秩序の中で「うまく生きる」「よく生きる」「正しく振る舞う」ことを教える慣習的知恵である。……第二の知恵は、クロッサンが「転換的知恵」と名付けるものである。このタイプの知恵は、既存の秩序を正当化するイデオロギー的知恵に対して、ユートピア的知恵と呼ぶことができるであろう。というのも、この転換的知恵にとって、既存の社会秩序（＝「この世」）は、決して不動の実在ではなく、むしろ、世界へと到来しつつある「神の国」の前で、激しく揺り動かされる運命にあるからである。……「転換的知恵」はその内に黙示思想と同様の現実批判を可能にする大きなパワーを秘めていたのである。

（芦名定道・小原克博『キリスト教と現代——終末思想の歴史的展開』）

以上駆け足で見てきたように、聖書の知恵思想は、慣習的知恵と転換的知恵の二重性において成り立っている。単純化を恐れずに言うならば、慣習的知恵は社会思想のイデオロギー的機能（伝承し正当化する）に対応し、転換的知恵はユートピア的機能（暴露・批判し転換する）に対応すると表現することができる。では、この知恵思想をモデルにするとき、人文知は、どのように理解できるだろうか。(5)

先に見た現代の「ポスト真実」の政治状況に対して人文知になによりも期待されるのは、転換的知恵の役割ではないだろうか。ポスト真実の覆いを剝ぎ取って、隠された真実をあらわにする、そのためには、透徹した批判力、知恵が必要となる。もちろん、人類がこれまで生み出してきた知恵を集積し伝統を継承することも重要な課題であるが、転換的知恵を再度活性化させることが現代の人文知に求められているのではないだろうか。歴史修正主義、あるいはウソやデマを無責任に流布させ論争を回避し説明を省略する政治的言説など、人文知が立ち向かうべき相手はさまざまである。ポスト真実の時代に、真実を見失わずに生きるために、人文知の果たすべき役割は小さくない。

このセクションの締めくくりとして、イエスの知恵思想とポスト真実との関係を確認しておこう。先にこの半世紀の研究成果として言及したことであるが、一九八〇年代以降の新約聖書学ではしばしば「イエス・ルネサンス」という研究動向が語られる。それはイエス像の転換を意味している(M・J・ボーグ　一九九七)。そこで注目されているのが、知恵の教師としてのイエスであり、「ヨハネ福音書」のイエス像がとくに重要になる(二〇章一六節など)。

「ヨハネ福音書」にはさまざまな特徴があるが、その一つに真理論を挙げることができるだろう。もちろん、聖書、とくに福音書に体系立った哲学理論としての真理論を見いだすことはできない。しかし、イエスが十字架刑に処せられることになった裁判でローマ総督ピラトの口をついて出た「真理とは何か」(一八章三八節)という尋問の言葉は、イエスの「わたしは真理について証しをするために生まれ、……真理に属する人は皆、わたしの声を聞く」を受けたものであるが、確かに、ピラトでなくても、「真理とは何か」と聞き返したくなるのではないだろうか。残念なことに、問答はこれで終わりであり、「真理とは何か」の問いは宙に浮くことになる。しかし、おそらくその手がかりは「ヨハネ福音書」の別の箇所に見いだすことができる。それはイエスの弟子が罪の奴隷状態から自由になるという議論の文脈において語られた次の言葉である。「あなたたちは真理を知り、真理はあなたたちを自由にする」(八章三二節)。ここにおける人間を自由にする真理とは、いわば人間の生き方に直結した実践的知恵と言うべきものであり——その点でもイエスの知恵思想は、古代イスラエルの知恵思想、とくに転換的知恵を継承している——、しかも罪への隷属からの解放を可能にする点で、救済の知恵(宗教的知恵)と解することができよう。

このように、真理は実践あるいは救済の鍵となるべきものであり、もし、「ポスト真実」が示唆するように、真理も真実も成り立ち得ないとすれば、人間は実践の主体——これは、人格あるいは良心との関連で問われるべきものであり、人権はここに存立基盤をもつ——であり続けることができるだろうか。真理と真実が存在しないところには救いもないだろう。
以上より、聖書の思想世界(知恵と真理)は、「ポスト真実」の対極に位置すると言わねばならない。

4 再度、日本学術会議問題へ

次に、ポスト真実の状況下にある日本学術会議問題の核心へ、論者なりに迫る試みを行うことにしよう。本来であれば、人文知を駆使して日本学術会議問題の真実を明らかにすべきと思うが、以下の試みは人文知というほどのものではなく、もう少し素朴で初歩的な分析に過ぎない点を、あらかじめお断りしておきたい。

まず、日本学術会議問題の核心を覆い隠し、真実を見えなくしているものを剝ぎ取ることから作業を開始する。先に指摘したデマとウソの分析である。「アメリカやイギリスでは学術団体は政府から財政的支援を受けていない(のに、日本学術会議は多くの税金を使っている)」「学術会議会員になると年金がもらえる」「学術会議は二〇〇七年以降政府に答申を出しておらず活動が見えない」といったデマ・ウソは、日本学術会議が無駄に税金を使っており、会員は仕事もしないのに経済的に優遇されているという主張を含意している。これらのデマのうち、たとえば、「アメリカやイギリスでは学術団体は政府から財政的支援を受けていない」については、次のような欧米のアカデミーの事例が指摘されねばならない。

欧州各国のアカデミーは、王政との葛藤を経験してから民主化の時代を生き延び、現代に至っている。その組織形態は多様である。……「独立」であろうがそうでなかろうが、アカデミー組織の収入はどのみち公的資金が多くを占める。確かに、歴史ある英国ロイヤル・ソサエティが公開している財務表をみると、一見、国費が投入されていないようにみえる。しかし詳しく確認すると、全収入のうち九割が実質上は政府機関からの助成金で構成されていることもわかる。……やはり民間組織であるアメリカの事例を含め、おおよそ六割から八割近くが政府からの助成と考えてよさそうだ。

（隠岐さや香「アカデミーの理念とこれからの展望」池内了ほか『日本学術会議の使命』）

ここで、論者が思い出すのは、二〇世紀末頃から激しくなった公務員バッシングである。今回の日本学術会議問題におけるデマの震源地と公務員バッシングのそれとの間には同質のものが感じられる。しかし、公務員バッシングを受けた結果としての保健所統廃合などが新型コロナウイルス感染拡大に対する有効な対応を妨げたこと(公共部門の疲弊化)、つまりそれが財政再建どころか国民の安全に対してマイナスの結果を生じたことは明らかであり、公務員や日本学術会議を国民の不満のはけ口に利用するというもくろみはきわめて不健全かつ有害であることがわかる。公務員をバッシングしていったい誰が利益を得たのであろうか。

また、「日本学術会議は中国の軍事研究に協力している」とのデマは、日本学術会議は仕事をさぼっているだけでなく、実は政治的に危険な存在であるとのメッセージをも含意するものであろう。そこには中国をめぐる政治的意図が現れている。「ポスト真実」の政治状況下では、デマはでたらめに発生するのではなく、そこには意図が隠されている。それで利益を得る人は別に存在するはずである。

次に問題にしたいのは、任命拒否を行ったにもかかわらず、その実質的な説明を拒否している政権である。日本学術会議法に照らした任命拒否の違法性、あるいは違憲性は別にしても、「ポスト真実」の政治状況の混迷を深めた責任は小さくない。政治が説明責任を果たさない中で、マスメディアはじめ、一般には、「六名が例外なく安保法制や特定秘密保護法、共謀罪法案などの安倍政権下の政策に異議を唱えた人物であることから、政権批判を問題視したのではないか」と推測されているようだ。これは、真実の一端を捉えていると言うべきだろう。確かに、六名それぞれの主義主張が問題にされたというのはその通りかもしれない。しかし、それがこの問題の核心であろうか。おそらく、卓越した人文知であれば、日本学術会議問題をその核心へと掘り下げて、その背後に存在する歴史的動向をあらわにするであろう――徹底的懐疑の遂行によって現代政治における常識的な言説を解体すること(転換的知恵)――。くり返しになるが、以下の論者の分析はもっと素朴なものであり、いわば暫定的な論評にとどまる。

おそらく、日本学術会議問題の核心に迫る手がかりは、問題とされたのが六名の主義主張というよりも、日本学術会議自体であった点に認められる。それは、今回の任命拒否が突然起こったものではなく、すでに進行中であった事態――たとえば、二〇一六年会員の補充人事の際に、官邸は候補者三名のうち二名に難色を示し、二〇一七年秋まで三名欠員の状況であった――の一端であったことからもうかがい知ることができよう。

問題の核心は、そもそも日本学術会議とはどのような組織なのかという点を理解することによって、はじめて明らかになるのである。今回の任命拒否の直接的な文脈とも言える、二〇一七年三月二四日付けの幹事会決定「軍事的安全保障研究に関する声明」(日本学術会議ホームページ)から、日本学術会議の根本姿勢を示す部分を引用してみよう。

日本学術会議が一九四九年に創設され、一九五〇年に「戦争を目的とする科学の研究は絶対にこれを行わない」旨の声明を、また一九六七年には同じ文言を含む「軍事目的のための科学研究を行わない声明」を発した背景には、科学者コミュニティの戦争協力への反省と、再び同様の事態が生じることへの懸念があった。近年、再び学術と軍事が接近しつつある中、われわれは、大学等の研究機関における軍事的安全保障研究、すなわち、軍事的な手段による国家の安全保障にかかわる研究が、学問の自由及び学術の健全な発展と緊張関係にあることをここに確認し、上記二つの声明を継承する。……防衛装備庁の「安全保障技術研究推進制度」(二〇一五年度発足)では、将来の装備開発につなげるという明確な目的に沿って公募・審査が行われ、外部の専門家でなく同庁内部の職員が研究中の進捗管理を行うなど、政府による研究への介入が著しく、問題が多い。……

一九四九年に創設された日本学術会議は、太平洋戦争に至る近代日本における学術の戦争協力に対する反省に立った団体であり、それは一九五〇年の「戦争を目的とする科学の研究には絶対従わない決意の声明」をはじめ、続く一九六七年と二〇一七年の声明でもはっきり示されている。すなわち、日本学術会議は、学術における軍事研究の存在が顕在化するたびに反対声明を打ち出してきた、軍事研究の推進に異を唱える組織なのである。これが日本学術会議問題の核心にある事柄であろう――もちろん、日本学術会議の活動が軍事研究批判だけではないことは言うまでもない――。

以上は、暫定的な論評に過ぎないが、この論点については、池内了の著書『科学者と軍事研究』から議論を補強することが可能である。池内は、その著書の中で、安全保障技術研究推進制度(第一章)とそれに対する日本学術会議の態度表明(第二章)を取り上げ、そこから、軍事化する日本の科学(第三章)を批判的に検討している。しかも、日本の学術の現場において軍事協力が進展する中に、大学改革を位置づけている。

日本学術会議が「軍事的安全保障研究に関する声明」を出して以来、軍学共同の問題はひとまず各大学や研究機関そして学協会などがいかなる判断をして対応するかに場面は移ることになった。ひとつの区切りの時を迎えたのである。(池内了『科学者と軍事研究』)

この「ひとつの区切り」のタイミングは、安保法制、特定秘密保護法、共謀罪法案の成立

(二〇一三年〜一七年)と重なっており、この歴史的文脈に日本学術会議問題は位置しているのである。さらに言えば、この一連の動きは、日本を取り巻く国際情勢の激動の中に位置しており、二〇世紀末から今日に至る日本の歴代政権は、軍事研究が日本の将来の浮沈に関わるとの判断を下したのではないだろうか。なぜなら、一連の動きをめぐる政権の判断には、軍事研究をめざす強い意志がうかがえるからである。それは憲法改正の問題とも連動している。

ここから問われるべきは、日本学術会議による軍事研究反対に対する政権の今回の判断(任命拒否)を生み出した国際情勢であり——今や戦いは宇宙戦に突入しつつある——、これに関しては、改めてしかるべき分析が必要であろう。

5　むすび——大学、ジャーナリズム、そして人文知

日本学術会議問題が起こってから、任命拒否を批判する動きは、一挙に、諸学会・諸学協会、諸団体(弁護士会、労働組合など)へと広がった。抗議声明を出した諸学会・諸学協会などは、二〇二〇年一二月二日時点で、延べ一二六六団体にのぼった。この抗議の急激な広がりは、おそらく、政権内においても誤算であったと思われる。こうした動向と比べて、全般的に動きが鈍

かったのは、国公立大学である――もちろん、大学人の良心・矜持から声を挙げた人は存在する――。二〇二〇年一二月二三日付の毎日新聞電子版は次のように伝えている。

政府による日本学術会議の会員任命拒否問題に絡み、全国の国立大学長八六人を対象に毎日新聞がアンケートを実施したところ、六割超の五三人が回答せず、回答した三三人中二二人が報道する際に匿名を希望した。……この結果に対し、識者は「大学側の畏縮《いしゅく》の表れではないか」と指摘する。……

ここで指摘された大学側の畏縮とは、この三〇年来の大学改革を思い起こせば、理解するに困難ではないだろう。大学の設置基準の大綱化、大学院の重点化、そして国立大学法人化（二〇〇四年）――さらには改正学校教育法、ミッションの再定義などなど――は、国立大学に対する民間的発想の経営手法や第三者評価による競争原理の導入、資金の選択と集中、運営費交付金の毎年一％の削減と競争的資金の拡充、中期目標・中期計画の策定などによって、日本の大学のあり方を一変させた。この改革は、大学の教育と研究を向上させたであろうか。むしろ、この間に生じた大学の研究力の質的量的な国際的低下は、しばしば指摘されるとおりである。

最近の日本人のノーベル賞受賞は、三〇年〜半世紀も前の日本の大学の研究水準の高さを示してはいるが、今後はどうなるだろうか。そして何よりも、大学改革によって、大学はその自治(人事と財政の自立性に基づく)を大幅に失うことになった。これが、先の畏縮の原因であろう。大学改革自体が不要とは言わないが、従来の強行された改革はそれ自体の意図に即して判断したとしても成功とはほど遠いと言わざるを得ない。

法人化とは、大学に法人格を付与することである。それによって各大学は自立性・独立性を確保することができ、人事や財務をめぐる裁量の余地を拡大し、特色ある研究・教育を実現することができる、という触れ込みであった。……では、法人化を契機として、自主的で、「地域社会に開かれた大学」は実現したのだろうか。……答えは「Ｎｏ」である。法人化を契機として国による財政的支配はむしろ強化された。

(駒込武編『「私物化」される国公立大学』)

このような攻撃が打ち続いてきたため、大学の関係者は「改革」の必要性を飲まざるを得ない、という追い込まれた心境になっている。私に言わせれば、文科省の予算の操作を通じた大学のコントロールが一番の問題で、お仕着せの「改革」を押しつけず、もっと大学に財政的余裕と運営の自由度を与える方が日本の科学技術力の回復には効果的である。（池内了前掲書）

本稿ではメディアについて、ポスト真実、近代民主主義との関わりで論じてきたが、メディアの現場においてジャーナリストがポスト真実と対決していること、それが共感を広げていることを指摘しておきたい。二〇二一年のノーベル平和賞は、マリア・レッサ（フィリピンのジャーナリスト）とドミトリー・ムラトフ（ロシアの独立系新聞編集長）が受賞した。二人は、それぞれの国の強権政治にジャーナリストとして対峙してきたことが評価されたと言われる。現代世界の「ポスト真実」の状況で、SNSなどのメディアを通じて、ネット空間にはフェイクニュース、投票誘導、他者への攻撃があふれ、ジャーナリズムもその渦中に巻き込まれている。それだけに、「事実とフィクションを区別する」ためのジャーナリズムの役割は重大であり、そのために戦っているジャーナリストは少なくない。二人はその代表者としてノーベル平和賞を受賞したのであろう。二〇二一年一〇月九日付朝日新聞電子版の記事によれば、ノルウェー・ノーベル委員会のライスアンデシェン委員長は会見で次のように述べている。

「自由で、独立した、事実に基づくジャーナリズムは権力の乱用やうそ、プロパガンダから守る役割を果たす」。「〔表現の自由は〕民主主義の肝要な前提条件で、戦争と対立から守る。」

（「「世界で言論が封殺されている」　にじむノーベル委員会の危機感」）

では、このような優れた役割を果たしうるジャーナリズムはいかにして生み出されるのだろうか。それには、個々のジャーナリストの資質や研鑽、そして志が重要なのは言うまでもないが、気骨あるジャーナリストが活躍できる知的な土台となり、あるいは協力者となることが、人文知の役割の一つとなるのではないだろうか。それに対して、人文知との関わりで、ジャーナリズム側の役割を論じるならば、たとえば、次のようになるだろう。

もはや科学記者は、自然科学の研究を追いかけているだけではダメだ。理系の取材をしたら文系の専門家に打ち返して、学際的な議論の仲立ちをする。そんな役回りが切に望まれている。

（尾関章「科学記者の居場所はあるか――コロナで変わるメディアの構図」）

『学術の動向——科学と社会をつなぐ』二〇二一年一〇月号）

すでに論じたように、人文知の役割の一つは、既存の社会秩序のゆがみに切り込んで、その転換を促すことにある。これは、人文知が知識蓄積にとどまらず、研究者としての良心に関わっていることを意味している。文系（人文社会科学）と理系（自然科学）の別なく、また学術世界に限らず、本来の人文知は、それぞれの場で、ジャーナリストとしての、研究者としての知性と良心を目覚めさせ、鼓舞する力をもっている。

この人文知に関して、大学改革は、十分な評価を行ってきただろうか。文科省発の文系学部を標的にした文系不要論は、記憶に新しい。任命拒否された六名がすべて人文社会系学部の教員だったことは偶然だろうか。ポスト真実の状況において、さまざまな問題は相互に連動し合っており、その中に、日本学術会議問題は位置しているのである。

ポスト真実の政治状況を乗り越えるために必要なことは、たとえ時間がかかるとしても、人文知を育成する努力を怠らないことであろう。

（1）日常生活において、私たちは目などの感覚器官で捉えられる事物がその捉えられた仕方で世界の中に存在すると考える。それは素朴実在論と言われる実在理解であり、それによって私たちは無事に生活することができる。たとえば、目の前の信号が黄色になったときに、横断歩道の前で車を停止することによって、事故を回避できる。この素朴実在論に対応するのは、認識とは外界の実在を感覚器官によって歪み無くそのままに受容することであるとする立場であり、その受容が正確であるとき(いわば実在を正確に模写するとき)、認識は真であるとするのが真理の模写説である。

(2) ボンヘッファーの『倫理』は、彼のライフワークと言うべきものであるが、「一九四〇年夏から逮捕にいたる一九四三年四月初旬まで書き綴られた未完の著作」であり、その精密な理解は、一九九二年刊行の全集版の『倫理』新版(DBW 6)によって可能になった(岡野彩子 二〇二〇)。

(3) 『月刊 保険診療』二〇二一年一月号(医学通信社)の「特集/730日の〝失敗〟のメカニズム——我々はなぜこうも失敗し続けるのか」では、政府のコロナ対策の失敗(「Part 1 新型コロナ〝24〟の失敗」)として、「議事録なき専門家会議とその突然の廃止」(失敗11)が指摘されている。これは、官邸主導で重要施策が進められるなかで、二〇二〇年二月に設置された「新型コロナウイルス感染症対策専門家会議」においては「議事録も作成されなかった」という失敗である。どれほど意図的であったかは不明であるが、これはポスト真実の典型的な事態であり、専門家委員会の議事録の不在によって、政府の初期段階のコロナ対策を検証することが困難になることは明らかである。

(4) 「Dappi」は、二〇一九年六月に開設されたツイッターアカウントである。二〇二〇年秋頃からさまざまな疑惑が指摘され、その後裁判でDappiの発信者情報の開示請求がなされ、認められた。このアカウントは都内のIT企業のものであり、自民党擁護と野党議員や報道機関への攻撃的なツイートを行い、一時はかなりの影響力をもっていた(一七万を超えるフォロワー数)。Dappiはただの「ネトウヨ」ではなく、「ネトウヨ層が野党などを攻撃する際に使えそうな「素材」を、素早くタイムリーに提供している点で」、情報操作、世論工作をビジネスとして行っているとの印象が強く、背後の資金の流れの解明が求められている。詳細は、大村歩「「Dappi」で浮上した自民党「ネット工作」の闇」を参照いただきたい(『週刊金曜日』二〇二一年一一月一二日号に掲載)。

(5) 本稿では、イデオロギーについて、ポール・リクール『イデオロギーとユートピア』が参照されている。リクールはマルクス主義のイデオロギー論(現実の倒立像・歪曲)を、ウェーバー(正統化の機能)とクリフォード・ギアーツ(統合機能)の議論によって深化させ、さらにユートピアとの相関関係において捉えている。聖書の知恵思想を分析するには、この全体を視野に入れる必要がある。慣習的知恵と転換的知恵も単純な対立、あれかこれかではなく、たとえば、転換的知恵(新しい知恵)は慣習的知恵(古い知恵)を否定的に乗り越えるだけでなく、これを基盤にしてはじめて可能になる点に留意すべきであろう。以前に論者はこの論点を、フクシマ以降のキリスト教思想の可能性として取りあげたことがある(芦名定道　二〇一九：一～二二頁)。この問題についての本格的な議論は、今後の課題とされねばならない。

参考文献

ジョルジョ・アガンベン『王国と栄光――オイコノミアと統治の神学的系譜学のために』高桑和巳訳、青土社、二〇一〇年
芦名定道・小原克博『キリスト教と現代――終末思想の歴史的展開』世界思想社、二〇〇一年
芦名定道「フクシマ以降のキリスト教思想の可能性」京都哲学会『哲学研究』六〇四号、二〇一九年一一月、一～二二頁
ハンナ・アーレント『全体主義の起原 3 新版』大久保和郎・大島かおり訳、みすず書房、二〇一七年
池内了ほか『日本学術会議の使命』岩波ブックレット、二〇二一年
池内了『科学者と軍事研究』岩波新書、二〇一七年
岡野彩子『ボンヘッファーの人間学』大阪大学COデザインセンター、二〇二〇年
尾関章「科学記者の居場所はあるか――コロナで変わるメディアの構図」『学術の動向――科学と社会をつなぐ』二〇二一年一〇月号
ミチコ・カクタニ『真実の終わり』岡崎玲子訳、集英社、二〇一九年
マルクス・ガブリエル、マイケル・ハート、ポール・メイソン、斎藤幸平・編『未来への大分岐――資本主義の終わりか、人間の終焉か?』集英社新書、二〇一九年
駒込武編『「私物化」される国公立大学』岩波ブックレット、二〇二一年

斎藤貴男『国民のしつけ方』集英社インターナショナル新書、二〇一七年
『週刊金曜日』二〇二一年一一月一二日(一三五三号)
M・J・ボーグ『イエス・ルネサンス――現代アメリカのイエス研究』小河陽監訳、教文館、一九九七年
G・フォン・ラート『イスラエルの知恵』勝村弘也訳、日本基督教団出版局、一九八八年
ポール・リクール著、ジョージ・H・テイラー編『イデオロギーとユートピア』川﨑惣一訳、新曜社、二〇一一年
A・D・リンゼイ『民主主義の本質――イギリス・デモクラシーとピュウリタニズム』永岡薫訳、未来社、一九六四年

6

政治と学問、そして民主主義をめぐる対話

宇野重規

1 「反政府的」であるとは、どういうことか

A やあ、久しぶり。

B 久しぶりだね。何年ぶりだろう。

A コロナ以前からだいぶご無沙汰だったからね。もう相当になる。

B コロナの被害は深刻だけど、こうしてオンラインで人と話すのが当たり前になったのは、大きな変化だね。

A うん、こうして海外に暮らす君と気軽に話せるのは、うれしいよ。

B ところで、思ったより元気そうだね。安心したよ。

A なんだよ、元気がないと思ったのかい？

B 日本学術会議の任命問題があったからね。

A 心配をかけたね。そちらでも報道はあった？

B う〜ん、二、三あったけど。やはり日本のメディアだね。大変だったろう。

A 取材が殺到したからね。自宅まで押しかけられてかなり参った。

B　でも、君はあまり取材に応えていないようじゃないか。

A　そうかな、僕なりには応えたつもりなんだけど。あまり取材が多いので各社共通のコメントも発表したし。

B　読んだよ。会員に推薦されたことは名誉だけど、内閣によって任命されなかったことには、特に言うことはないというやつだろ。ずいぶん、消極的な対応だね。

A　失礼なやつだな。だって、任命しなかったことの説明責任は内閣の側にあるだろう。きちんとした説明もないのに、何を答えるんだよ。

B　いや、ごめん。でももっと激しく政府批判をするのかと思ったから。

A　僕は研究者だ。それにいろいろなメディアで時事的な発言もしている。その活動をきちんと、今まで通りにやっていくことが最大の反論になると思った。古代ローマの哲人セネカが言っているように、外からの力は大きな影響を持たない。大切なのは自分自身であり、自分の学問を大切にすることだ。

B　なるほど。ちなみに、取材の依頼ではどのようなことを聞かれた？

A　多かったのは、任命されなかったのはなぜだと思うか、という質問だね。でも、これも適切な質問ではないと思う。

B　そうかな、当然の疑問だと思うけど。

A　繰り返しになるけれど、任命しない理由を説明する責任は内閣にある。その内閣が明確な理由を示さないのに、こちらであれが理由だろう、これが理由かもしれないといっても意味はないだろう。それどころか、有害ですらあると思う。

B　どうして？

A　「忖度」につながるから。こんなことを言ったからいけないんだ、そんなことをすれば任命を拒否される理由になるんだ、とみんなが思えば、他の研究者にとっても萎縮効果を持つ。政府の見解と違うことをいえば、後でトラブルになると思えば、誰も批判的な意見を口にしなくなる。

B　そういう意味では、政府は理由をはっきり示さない方が効果的なのかもしれないね。みんな疑心暗鬼になって、勝手に「忖度」をするようになるから。

A　その通り。その意味では、任命しなかった理由の説明を求め続ける必要がある。逆にこちらであれこれ想像して、根拠もないのに口にするのは逆効果になると思う。

B　ところで、コメントの後半では「民主的社会を支える基盤は多様な言論活動です」と言っているね。僕はここが、やや意外だったんだ。「学問の自由」をいうならまだわかる。なぜ、ここで民主主義が出てくるのだろうか。

A　もちろん、学問の自由にとっても深刻な影響がある。研究者は自分の専門(ディシプリン)に対しては忠実であるべきだけれど、何かに忖度して発言するようになれば、それは学問への冒瀆になる。特に僕は政治学者だから、仮に時の政権とは異なる見解であっても、自らの学問的信念に基づいて、発言すべきことは発言すべきだと思う。

B　でも、学者であれば、何でも好きなことを言っていいのだろうか。

A　もちろん、学問的な裏づけは必要だ。一市民としてなら何を言っても自由だが、研究者として発言するならば、当然、学問に支えられた内容を語るべきだ。第一次世界大戦末期の緊迫した状況の下で『職業としての学問』の講演をしたマックス・ウェーバーは、教師は教壇に立って自分の価値観を学生に押しつけてはならないと言った。その意味で、研究者もまた、どこまでが自分の学問に基づく発言で、どこからは自分の主観的な価値観に基づく発言なのか、厳しく自己吟味する義務があると思う。

B　ところで、民主主義との関係は？

A　そうだった(笑)。僕は民主主義にとっても、多様な意見が重要だと思う。引用したのがジョン＝スチュアート・ミルだ。もし少数派の意見が正しいとすれば、それを抑圧すれば、社会は真理への道を自ら閉ざす。仮に少数派の意見が間違っているとしても、批判がなければ多数派の意見は教条化し、硬直化してしまう。どんなに正しくても一人の独裁者に政治をすべて委ねるのではなく、多くの人が発言するのが民主主義の真骨頂だと思う。批判に開かれ、多様な意見が認められるからこそ、一時的に世論が判断を誤っても、時間がたてば振り子のように自己修復できる。

B　なるほど、民主主義の自己修正能力か。研究者もまた、社会の自己修正能力を高めるために、時には世の多数派とは異なる考えをあえて表明する必要があるわけだね。

A　うん、そうだと思う。逆に権力の側もまた、特定の考えを正しいとし、それ以外の考えを否定することは、厳に慎まなければならない。今回の任命問題についても、自分たちの基準で(それがよくわからないのだけれど)研究者のあり方を一方的に裁断することは許されないと思う。

*

B　ところで、君を含め、今回、任命されなかった人たちを「反政府的」という人もいるようだね。

A　本当かい。僕は自分が「反政府的」だと思ったことはないな。

B　でも、君は先ほど、時の政権とは異なる見解であっても、積極的に発言すべきだと言ったよね。

A　それはその通りだ。でも、それは「反政府的」とは違う。

B　もう少し説明してくれないかな。

A　「反政府的」というのは、政府の存在を否定する立場だろう。僕は政府の存在を否定していない。むしろ政治学者として、しっかりした政府が必要だということは十二分に承知しているつもりだ。フランスの政治学者ピエール・ロザンヴァロンの『良き統治』という本が翻訳された際には、その解説を書いたくらいだからね。

B　『良き統治』というのは、何だか時代がかったタイトルだね。

A　それは統治を、上が下を支配するという意味で捉えているからじゃないかな。

B　イギリスの王が「君臨すれども統治せず」というくらいだからね。統治というと、為政者が臣民を支配するという感じがするな。国民主権の時代には相応しくないような。

A　ロザンヴァロンはそのような理解に異を唱えているんだ。民主政治の下でも、やはり質の高い統治は必要だ。例えば彼は、理解可能性、責任、応答性をあげている。なぜそのような政策を採用したのか国民に理解できるように説明すること、それが間違った場合に責任を取ること、国民の多様な声にしっかりと応答すること。これらは民主政治のリーダーにも同様に求められる。

B　コロナ禍の下では特にそれを感じたね。今の三条件を満たせないリーダーは、結局退陣させられているね。

A　話を戻すと、僕は「反日」でもない。今どき、自分と違う考えの人をすぐに「反日」と呼ぶ傾向があるよね。それは自分自身こそが日本で、自分とは違う考えの人はすべて反日だと呼んでいるに等しいよ。

B　ある意味で傲慢な考えだよね。

A　僕は日本という国を愛しているし、日本がより良い国になってくれることをいつも願っている。反日と呼ばれる筋合いはないね。繰り返し言っているように、時の政権と異なる見解をあえて発言するのも、この国の政治的判断をより良いものにするためだ。

B　君は意外にナショナリストなんだな。僕は日本にはそれほどこだわりはないよ。世界のどこでも、自分が活躍できる場所なら構わない。

A　君はそれを実行しているしね。君のいうことは、もちろんよくわかる。別に僕は日本という国が特別な存在だと言いたいわけじゃないんだ。

B　それはそうだ。今や一人あたりのGDPでいえば、日本はまさに「普通の国」だ。

A　もちろん、そのこともある。ただ、僕が言いたいのは、単に日本に暮らし、働いている人間の一人として、日本の未来が気になるし、そのためにできることはしたいというだけさ。

B　それは自然だね。

A　うん。その意味で、民主政治の下では、これがこの国のためになると思うことを、誰もが自由に発言すべきだし、それを尊重し合うことから出発すべきだ。この点は譲れないな。

B　逆にいえば、自分の立場がすべてで、それ以外の考えは反日や、反政府だと決めつける考えを許せないというわけだ。

A　そう。同じく、仮に一つの党派や政治勢力が政府を担うとしても、それは永遠ではない。選挙によって暫定的にその立場にあるだけで、その間の業績が悪ければ、次の選挙でその座から下ろされる。

B　その意味では政権党といえども、政府と同じではないということだね。一時的に政権を担当しているとしても、あくまで暫定的だ。

A　政党(party)って、そういうものだからね。

B　えっ？

A　政党の語源は部分(part)であって全体ではないということさ。政権党であっても政党である以上、自分たちがすべてではなく、たくさんある政治勢力の一つであるということを忘れてはいけない。

B　なるほどねえ。こうして見ると、政党というのも面白いね。

A　そうなんだ。古代ギリシアの民主政治では、政党は認められていなかった。むしろ派閥や分派であって、公共の利益を分断させるものとして否定的に捉えられていた。

B　それが今や、政党は大手を振って存在しているのだから、大きな変化だね。

A　うん、だからこそ、政党には厳しい自己規律が求められる。単なる派閥や派閥の集合体ではダメなんだ。現在の日本では、要件を満たす政党には公的資金が投入されているのだから、なおさらだよ。

B　いずれにせよ、時の政権党といえども、自分を「政府」と同一視することは許されないわけだね。まして自分たちと違う立場を「反政府的」と呼ぶことはできない。

A　民主政治の下では、誰にもそのようにいう資格はない。自分を政府や国家と一体のものとして捉えたいという誘惑がつねに存在するけど、それはカテゴリー・ミステーク（範疇の誤謬）であり、越権行為だ。

＊

A　さらにいえば、近代の民主政治の本質はきちんと「線を引く」ことにあると思うんだ。

B　「線を引く」？

A　分けるべきものをきちんと分けるということだよ。考えてみると、「権力の分立」、「政教分離」、「国家と社会の分離」、「分業」など、近代社会の発展を追いかけると、すべてキーワードは「分離」だろう。

B　そういえば、そうだね。

A　逆にいえば、「混ぜたら危険」ということさ。権力分立を破れば暴政になるし、政教分離を犯せば宗教支配になる。きちんと「線を引く」ことが大事だ。

B　おそらく暴政や宗教支配で苦労してきた人類の知恵なんだろうね。

A　そう思う。法律を作り、それを執行し、紛争が生じたときに裁判をする権限が一つの勢力に集中すれば、その権力は何だってできる。政治が宗教を利用したり、逆に宗教的対立が政治的対立に転化したりすれば宗教戦争だ。

B　近代社会の発展は、分けるべきものをきちんと分け、権力と権力、あるいは政治と宗教などがそれぞれの領域から逸脱しないことから生まれたんだね。

A　そうなんだ。シビリアン・コントロール（文民統制）も同じだよ。政治家が自分の野望のために軍隊を利用したり、逆に軍が政治に介入したりすることがないよう設けられた仕組みだ。いわば、軍人と文民の分離であり、その上での文民の優位だ。

B　「混ぜたら危険」は洗剤だけの話じゃないね（笑）。

A　そして政治と学術の分離だ。昔は時の権力者が、自らの支配を正当化するために学術を利用することなんて、当たり前の話だった。

B　古代中国で焚書坑儒もあったしね。これは逆に、為政者にとって都合の悪い研究を抑圧したほうの例だ。

A　昔の話じゃないよ。ほら、君と一緒に行ったじゃないか。ベルリンのフンボルト大学の前の広場。

B　そうそう、ナチスによって弾圧された書物のモニュメントがあったね。

A　ハイネの言葉もあった。「焚書は序章に過ぎない。本を焼くものはやがて人間を焼く」とあった。これは現代史の話だ。

B　その意味では、政治権力が「これはいい学問だ、これは悪い学問だ」ということ自体に問題があるね。

A　それを防ぐために、いろいろな仕組みも作られてきた。専門家の間の相互批判による審査もその一つだ。

B　ピアレビューの原則だね。ピア(peer)は「同等者」という意味だ。

A　この言葉も面白いね。昔のヨーロッパでは「王もまた同等者(ピア)の一人だ」という言葉があった。ピアレビューという言葉には、対等な研究者による審査や評価を意味すると同時に、上からの権力による介入を否定するという含意もありそうだね。

B　専門家の評価は専門家同士が行ない、政府はその手続きをきちんとチェックするという分業なんだろうね。

＊

B　ところで、話は変わるけれど、君の書いた『民主主義とは何か』はよく読まれているようだね。

A　一般の読者に向けて書いた本だけど、内容は民主主義の思想の本格的な概説であり、けっして気軽に読める本ではない。それなのに、多くの読者に恵まれているのはありがたいね。

B　タイミング的にも二〇二〇年一〇月刊行と、まさに学術会議の問題と同じ時期だったのも大きいかな。

A　まったくの偶然だけど、民主主義について根本から考えるきっかけになるとうれしいね。

B　ところで、ごめん、実はまだ読んでいないんだ(笑)。どんなことが書いてあるんだい？

A　そうだなあ、本の最後に書いたことだけ、少し話そう。まず民主主義の土台にあるのは「政治」だ。この場合、古代ギリシアに生まれた「政治」にとって大切なのは、公開による透明性だ。誰だって、大切なことが、どこか知らないところで、誰だかわからない人たちによって勝手に決められるのは嫌だろう？

B　それはそうだ。自分に関わることなら、なおさらだ。自分たちのことを自分たちでは決められないという無力感ほど、人を蝕むものはないと思うよ。

A　うん、だから、みんなに関わることは、力による強制や利益誘導ではなく、公の場所でみんなできちんと議論して決める、この原則がまず重要だ。

B　日本の政治改革だって、一部の官僚や族議員たちが裏ですべて決めてしまい、国会の場ではその結論だけが承認されるという事態を克服しようとしたものだったはずだ。

A 政治改革のポイントは二つあった。「政治主導」と「政権交代」だ。政党がきちんと役割をはたすためには、政治リーダーの責任と権限を明確化し、それを前提に国民が政権を選択することが必要だと考えられた。

B 現実には「政権交代」が遠のいて、悪い意味で「官邸主導」ばかりが目立つようになっているけどね。

A きちんとした「政治」があって、初めてその上に「民主主義」が成り立つ。大切なのは、政治的意思決定の場から排除された人々が声を上げて、参加を拡大していくことだ。参加があるからこそ、政治を自分のものとして感じられる。何を言っても無駄だとみんなが思えば、民主主義は死んでしまう。

B そうだね。でも残念ながら、外から見ていると、日本の現実はその逆を行っているように思えてならない。政治的決定をしているのは、権力を持った一部の高齢男性であり、女性や若者、そして日本に暮らす外国人の声が政治に反映しているとは、とても思えないな。

A うん、それは認めざるをえない。東京五輪・パラリンピックの組織委員長だった森喜朗元首相の発言に対し、「わきまえない女」という言葉がSNSで飛び交った。権力を持った人たちにとって耳の痛い発言は控えるのが「わきまえる」ということなら、それは少数派の意見の排除に他ならない。何か日本の現状を象徴する出来事だったね。

B　そうだとすると、今の日本にとって「政治」も「民主主義」も未達成の課題ということになるね。

A　まさしく、そうなんだ。そして本に書いた三つ目のポイントが「責任」だ。何か今の日本では「責任」というと、とても嫌な言葉だよね。

B　何をやっても、すぐに「それはお前の責任だ」と言われると、何もしたくなくなるよね。

A　でもね、社会の一隅であっても、そこに主体的に関わり、自分自身で参加して決めたことだからきちんと責任を取るというのは、けっして悪いことばかりではないと思う。

B　そうだね、もしそう思えるならば、むしろ自分の存在意義を確認するチャンスになるかもしれない。

A　自分はこの社会から排除されているし、自分の居場所なんてどこにもない。だから責任も取りようがない。もし多くの人がそう思っているなら、そのような社会は健全ではない。民主主義が機能しているとも思えない。それぞれの人が、それぞれの仕方で社会に関わり、自分なりの生き方をしていける社会、それが民主主義の社会だ。

B　なるほど、そういうことを書いた本なんだ。

A　学術会議の問題は、社会の多くの人が、「これは自分の問題だ」と思えなかった点にあると思う。僕たち研究者の力が足りなかった部分も大きい。だから、今回の事件をきっかけに、任命を拒否された人たちはどんなことを書いているのかと、本を手に取ってくれる人がいればうれしい。

B　おや、最後は本のアピールかい(笑)。

A　そうじゃないけど(笑)、多くの人が今一度この問題を考えてくれれば、事件も無意味ではなかったことになる。

B　コメントの最後に、「その能力(＝民主主義の自己修正能力)がこれからも鍛えられ、発展していくことを確信しています」と書いたのも、そういうことだね。

A　その信念は、今でも揺らいでいないよ。

(『世界』二〇二一年一二月号所収)

2　「学問の起死回生」に向けて

A　ところで正月は何をした？

B　日本のような正月はないね。単に暦の上で新しい年になったというだけだ。

A　そうだろうね。そちらではクリスマスは家族で過ごすとしても、新年は通常の仕事モードの人も多いだろうね。

B　日本の正月が懐かしいよ。

A　日本の正月も変わりつつあるよ。年末ギリギリまで仕事で、年明けもすぐ通常営業だ。年末に来たメールには、「中身を確認し、一月四日までに返事をしてほしい」なんていうのもあったしね。日本から正月休みの観念がなくなったのかと思ったよ。

B　そういうメールを送り合っているんだろうね。お互いの首を絞めているようなものだ(苦笑)。

A　でも、普段読めないような本も読んだよ。

B　例えば？

A　小林秀雄の『本居宣長』。

B　そりゃまあ、普段読まないだろうね。なんでまた。

A　鎌倉に初詣に行って、そういえば、小林は鎌倉に住んでいたよな、と思い出して。

B　小林秀雄って、入試の時に読んだくらいだな。なんだか難しいことを書く人だろう。

A　うん、僕もそのイメージだったけど、読んでみたら意外と面白かった。この本は、いわば江戸時代における「日本の学問」の誕生を論じているんだ。儒学者の中江藤樹にはじまって、伊藤仁斎や荻生徂徠が出てくる。

B　本居宣長が出てこないじゃん。

A　もちろん出てくる。だけどある意味で、松坂の町医者であった宣長が、なぜ『古事記』などの研究をして、独創的な学問を作り出したのか、その助走部分の話が重要なんだ。そこが面白いし、結構感動的でもある。

B　へー、君が感動するなんて珍しい。

A　戦国時代は弱肉強食の実力本位の時代だった。「武士も町人も農民も、身分も家柄も頼めぬ裸一貫の生活力、生活の智慧から、めいめい出直さねばならなくなっていた」。そして江戸時代になる。藤樹は貧農の家に生まれ、独学し、最後は一村人として生涯を終えた人だったけど、そんな人が「近江聖人」と呼ばれるようになる。林羅山のような官学の人でなく、民間にあって純粋に学問への関心に目覚め、自分の学問を追求した藤樹に、小林は「日本の学問」の誕生を見るんだ。

B　なるほど、たしか小林も大学に所属する研究者ではなく、文芸評論家として一生を過ごしたんだよね。

A　うん、小林が藤樹から宣長に至る民間の学者たちに共感しているのは間違いない。「新学問は、一方、官学として形式化して、固定する傾向を生じたが、これに抗し、絶えず発明して、一般人の生きた教養と交渉した学者達は、皆藤樹の志を継いだと考えられる」と言ってるしね。

B　いいね。そう言えば、今の日本でも「独学」ブームらしいね。

A　うん、「独学」をテーマにする本は少なくない。一方、「在野研究者」と名乗る人たちの活躍も目立つようになっている。

B　若い研究者が安定的な研究職に就くのが難しくなっている表れだろうか。

A　残念ながら、その側面もある。ただ、純粋に大学や学界の外で独自に研究を進める人たちが増えていることも間違いないと思う。

B　両義的だね。でも前回話に出た君の本(『民主主義とは何か』)が非常に多くの人に読まれたという話もあったし、日本においてはまだまだ分厚い読者層が存在すると感じるね。

A　ヨーロッパなどでは、研究者の本を読むのは、ほとんどの場合、同業の研究者だろう。

B　だから印刷する部数もうんと少ない。君の固い本が何万という読者に読んでもらえるのは、ありがたいことだと思わないとね。

A　江戸時代以来の、学問を愛する人たちの層の厚さの伝統だね。ただし、これからもそのような読者を期待し続けられるかは自明ではない。

B　僕はいわゆる「本離れ」は心配していないよ。今の若い人はネットで膨大な量のテクストを読んでいるわけだしね。

A　それはその通りだけど、いわゆる「学術書」を読んでくれるかはわからない。

B　ああ、君はまだ例の学術会議問題を引きずっているんだね。

A　いや、必ずしもそうじゃないんだけど……でも、まあ、そういうことかな。いわゆる学術が、現在の日本でどれだけ社会に支持され、信頼されているかは、これからも考えていかないとね。学問を愛する人々の分厚い層を維持・発展させていくことが何よりも重要だ。社会から孤立してしまった学問ほど弱いものはないからね。

B　一方で、学問を守るためには、若い研究者を大切に育てていくことも大事だね。

A　その通り。だから、やはり若い研究者の就職難は気がかりだよ。どうにかしないといけない。このままだと志のある人が、学問を続けることが難しくなる一方だよ。

B　問題は就職だけではないね。一生懸命に研究をしている人たちの業績を正当に、公平に評価していく仕組みも大切だね。

A　海外を含め、査読付きの学術雑誌にみんな頑張って投稿しているしね。

B　グローバルな知的競争が激しいだけに、どうしても投稿論文は専門分化が進み、かなり個別的なテーマに特化しがちだ。

A　致し方ないよね。同じ研究者でも、少し専門が違うとよく理解できないことが多くなっている。これはやはり専門を同じくする研究者同士の厳しい相互評価しかないね。

B　前回出てきたピアレビューだね。

A　研究者同士で相互に業績を正当に、公平にチェックする仕組みは不可欠だよ。ここが損なわれると、学者のやっている仕事への信頼は必然的に低下する。

B　投稿者の名前や所属で判断するのではなく、あくまで論文それ自体を評価することが大切だね。

A　僕は海外の大学出版局で出している英文ジャーナルの編集委員をしたことがあるんだけど、感心したのは多くの査読報告書が実に丁寧に書かれ、教育的配慮に満ちていることだった。上から目線で論文を評価するのではなく、仮に完成度の低い論文であっても、こうすれば良くなるというアドバイスをするのが査読だと痛感したよ。

B　そういう査読者ばかりだといいけど(笑)。でもまあ、査読文化というのはあると思う。学界全体で研究者を育て、発展させていく気風が大切だね。

A　そういう意味では、学問を大切にしていくためには両面作戦が必要だと思う。一方で、学術的な本を読み、自分自身では研究をしないとしても、学問や研究を愛し、信頼してくれる読者の人たちとの幅広い関係を大切にしていかなければならない。

B　広い裾野を持つ日本の学問文化を維持・発展させていく必要があるね。

A　他方で、学問に携わる人たちの業績をきちんと評価する仕組みをますます発展させていかないといけない。特に若い研究者を大切に育てていかないと、日本の学問も末細りになる。やはり公平で透明性の高い評価システムが必要だ。

B　経済的支援はもちろんだけど、きちんと自分の仕事が評価されているという感覚がないと、研究を続けるのは難しいよね。

＊

A　ところでドキッとしたのは、小林が「下剋上」について、『大言海』の「此語、でもくらしいトモ解スベシ」という定義を引用している点なんだ。

B 「下剋上」＝デモクラシーかい。すごい定義だね。

A でも小林は、これまで述べたような文脈からすれば、「下剋上」には健全な意味合いが隠されていて、それはあえて言えばデモクラシーだと指摘している。長い兵乱の末に訪れた平和において、虚名が没落し、人々が自分自身のために学問の自由を選んだこと、それを重視するなら、このような解釈もあながち乱暴ではないというんだ。

B 面白いね。小林というと保守的な思想家というイメージだったけど、そんなことも言っているんだね。

A 「学問の起死回生の為には、俗中平常の自己に還って出直す道しかない」、そう小林はいう。それだけの決意があったからこそ、藤樹の学問の独創性も生まれたというのが、小林の議論のポイントだね。

B ふうん、それで君自身は、これから学問の「起死回生」のために何をするつもりなんだい。

A 僕自身には大した力はない。それでも、あらためて自分自身の力で学問の自由を選び直し、それを大切に育てていくための仕事がしたいね。

B 日本の政策文書を読んでいると、学問や研究の活動を、あたかも産業政策の一環として位置づけているかのように見えるものが目立つね。

A　イノベーションというやつだね。たしかに学問や研究もまた、社会が新たな価値を創造することに貢献できれば素晴らしい。とはいえ、学問や研究は産業のイノベーションのためにあるわけではない。結果としてイノベーションにつながるのは良いとして、それを目的にするのは学問や研究を矮小化していると思う。

B　でも、これからますます「社会の役に立つ研究をしろ」という圧力は強まるばかりだろうね。

A　うん、社会によって学術研究が支えられている以上、社会に貢献すべきであることは当然だ。でも、すべての人が「学問って面白い。自分も研究をしてみたい」と思える社会、そういう社会に向けて努力することが結果的に、社会の発展につながると思う。

B　そうだね、それが学問の民主化だろう。

A　そのために学問や研究の門戸を広げること、若い研究者をきちんと評価し、育てていくことに、少しでも貢献したいと思う。どこからビーンボールが飛んできても、跳ね返せるだけの「学問の自由」を自分たちのものにしていきたいね。

（二〇二二年一月八日）

資料－1

(声明)

戦争を目的とする科学の研究には絶対従わない決意の表明

1950年4月28日
日本学術会議第6回総会

日本学術会議は，1949年1月，その創立にあたつて，これまで日本の科学者がとりきたつた態度について強く反省するとともに科学文化国家，世界平和の礎たらしめようとする固い決意を内外に表明した．

われわれは，文化国家の建設者として，はたまた世界平和の使として，再び戦争の惨禍が到来せざるよう切望するとともに，さきの声明を実現し，科学者としての節操を守るためにも，戦争を目的とする科学の研究には，今後絶対に従わないというわれわれの固い決意を表明する．

資料－2

（声明）

軍事目的のための科学研究を行なわない声明

1967年10月20日
第49回総会

われわれ科学者は，真理の探究をもって自らの使命とし，その成果が人類の福祉増進のため役立つことを強く願望している．しかし，現在は，科学者自身の意図の如何に拘らず科学の成果が戦争に役立たされる危険性を常に内蔵している．その故に科学者は自らの研究を遂行するに当って，絶えずこのことについて戒心することが要請される．

今やわれわれを取りまく情勢は極めてきびしい．科学以外の力によって，科学の正しい発展が阻害される危険性が常にわれわれの周辺に存在する．近時，米国陸軍極東研究開発局よりの半導体国際会議やその他の個別研究者に対する研究費の援助等の諸問題を契機として，われわれはこの点に深く思いを致し，決意を新らたにしなければならない情勢に直面している．既に日本学術会議は，上記国際会議後援の責任を痛感して，会長声明を行った．

ここにわれわれは，改めて，日本学術会議発足以来の精神を振り返って，真理の探究のために行われる科学研究の成果が又平和のために奉仕すべきことを常に念頭におき，戦争を目的とする科学の研究は絶対にこれを行わないという決意を声明する．

資料－3

（声明）

日本学術会議憲章

2008年4月8日

この声明は，日本学術会議憲章起草委員会が中心となり審議を行ったものである．

日本学術会議憲章起草委員会

委員長	鈴村興太郎	（第一部会員）	一橋大学経済研究所教授
副委員長	佐 藤　学	（第一部会員）	東京大学大学院教育学研究科教授
幹　事	鷲谷いづみ	（第二部会員）	東京大学大学院農学生命科学研究科教授
幹　事	大垣眞一郎	（第三部会員）	東京大学大学院工学系研究科教授
	淡路　剛久	（第一部会員）	早稲田大学大学院法務研究科教授
	浅 島　誠	（第二部会員）	東京大学大学院理事
	金澤　一郎	（第二部会員）	皇室医務主管
	廣橋　説雄	（第二部会員）	国立がんセンター総長
	入倉孝次郎	（第三部会員）	京都大学名誉教授
	土居　範久	（第三部会員）	中央大学理工学部教授

『日本学術会議憲章』

科学は人類が共有する学術的な知識と技術の体系であり，科学者の研究活動はこの知的資産の外延的な拡張と内包的な充実・深化に関わっている．この活動を担う科学者は，人類遺産である公共的な知的資産を継承して，その基礎の上に新たな知識の発見や技術の開発によって公共の福祉の増進に寄与するとともに，地球環境と人類社会の調和ある平和的な発展に貢献することを，社会から負託されている存在である．日本学術会議は，日本の科学者コミュニティの代表機関としての法制上の位置付けを受け止め，責任ある研究活動と教育・普及活動の推進に貢献してこの負託に応えるために，以下の義務と責任を自律的に遵守する．

第1項　日本学術会議は，日本の科学者コミュニティを代表する機関として，科学に関する重要事項を審議して実現を図ること，科学に関する研究の拡充と連携を推進して一層の発展を図ることを基本的な任務とする組織であり，この地位と任務に相応しく行動する．

第2項　日本学術会議は，任務の遂行にあたり，人文・社会科学と自然科学の全分野を包摂する組織構造を活用して，普遍的な観点と俯瞰的かつ複眼的な視野の重要性を深く認識して行動する．

第3項　日本学術会議は，科学に基礎づけられた情報と見識ある勧告および見解を，慎重な審議過程を経て対外的に発信して，公共政策と社会制度の在り方に関する社会の選択に寄与する．

第4項　日本学術会議は，市民の豊かな科学的素養と文化的感性の熟成に寄与するとともに，科学の最先端を開拓するための研究活動の促進と，蓄積された成果の利用と普及を任務とし，それを

継承する次世代の研究者の育成および女性研究者の参画を促進する．

第5項　日本学術会議は，内外の学協会と主体的に連携して，科学の創造的な発展を目指す国内的・国際的な協同作業の拡大と深化に貢献する．

第6項　日本学術会議は，各国の現在世代を衡平に処遇する観点のみならず，現在世代と将来世代を衡平に処遇する観点をも重視して，人類社会の共有資産としての科学の創造と推進に貢献する．

第7項　日本学術会議は，日本の科学者コミュニティの代表機関として持続的に活動する資格を確保するために，会員及び連携会員の選出に際しては，見識ある行動をとる義務と責任を自発的に受け入れて実行する．

日本学術会議のこのような誓約を受けて，会員及び連携会員はこれらの義務と責任の遵守を社会に対して公約する．

（以上）

資料－4

（声明）

軍事的安全保障研究に関する声明

2017年3月24日

この声明は，日本学術会議安全保障と学術に関する検討委員会が審議を行い，幹事会で決定したものである．

日本学術会議安全保障と学術に関する検討委員会

委員長	杉田　敦	（第一部会員）	法政大学法学部教授
副委員長	大政　謙次	（第二部会員）	東京大学名誉教授，愛媛大学大学院農学研究科客員教授，高知工科大学客員教授
幹　事	佐藤　岩夫	（第一部会員）	東京大学社会科学研究所教授
幹　事	小松　利光	（第三部会員）	九州大学名誉教授
	井野瀬久美恵	（第一部会員）	甲南大学文学部教授
	向井　千秋	（第二部会員）	東京理科大学特任副学長
	森　正樹	（第二部会員）	大阪大学大学院医学系研究科消化器外科学教授
	山極　壽一	（第二部会員）	京都大学総長
	大西　隆	（第三部会員）	豊橋技術科学大学学長，東京大学名誉教授
	岡　眞	（第三部会員）	東京工業大学理学院教授
	土井美和子	（第三部会員）	国立研究開発法人情報通信研究機構監事
	花木　啓祐	（第三部会員）	東京大学大学院工学系研究科教授
	安浦　寛人	（第三部会員）	九州大学理事・副学長
	小林　傳司	（連携会員）	大阪大学理事・副学長（教育担当）

小森田秋夫　（連携会員）　　　神奈川大学法学部教授

本声明の作成にあたり，以下の職員が事務及び調査を担当した．

事　務　小林真一郎　企画課長
　　　　佐々木千景　企画課課長補佐（2016年9月まで）
　　　　吉本　崇史　企画課課長補佐（2016年8月から）
　　　　石井　康彦　参事官（審議第二担当）
　　　　松宮　志麻　参事官（審議第二担当）付参事官補佐
　　　　西川　美雪　参事官（審議第二担当）付専門職付
　　　　大橋　　睦　参事官（審議第二担当）付専門職付
　　　　大庭　美穂　参事官（審議第二担当）付専門職付
調　査　川名　晋史　上席学術調査員
　　　　下田　隆二　上席学術調査員
　　　　辻　　明子　上席学術調査員

軍事的安全保障研究に関する声明

2017年3月24日
第243回幹事会

日本学術会議が1949年に創設され，1950年に「戦争を目的とする科学の研究は絶対にこれを行わない」旨の声明を，また1967年には同じ文言を含む「軍事目的のための科学研究を行わない声明」を発した背景には，科学者コミュニティの戦争協力への反省と，再び同様の事態が生じることへの懸念があった．近年，再び学術と軍事が接近しつつある中，われわれは，大学等の研究機関における軍事的安全保障研究，すなわち，軍事的な手段による国家の安全保障にかかわる研究が，学問の自由及び学術の健全な発展と緊張関係にあることをここに確認し，上記2つの声明を継承する．

科学者コミュニティが追求すべきは，何よりも学術の健全な発展であり，それを通じて社会からの負託に応えることである．学術研究がとりわけ政治権力によって制約されたり動員されたりすることがあるという歴史的な経験をふまえて，研究の自主性・自律性，そして特に研究成果の公開性が担保されなければならない．しかるに，軍事的安全保障研究では，研究の期間内及び期間後に，研究の方向性や秘密性の保持をめぐって，政府による研究者の活動への介入が強まる懸念がある．

防衛装備庁の「安全保障技術研究推進制度」(2015年度発足)では，将来の装備開発につなげるという明確な目的に沿って公募・審査が行われ，外部の専門家でなく同庁内部の職員が研究中の進捗管理を行うなど，政府による研究への介入が著しく，問題が多い．学術の健全な発展という見地から，むしろ必要なのは，科学者の研究の自主性・自律性，研究成果の公開性が尊重される民生分野の研究資金の一層の充実である．

研究成果は，時に科学者の意図を離れて軍事目的に転用され，

攻撃的な目的のためにも使用されうるため，まずは研究の入り口で研究資金の出所等に関する慎重な判断が求められる．大学等の各研究機関は，施設・情報・知的財産等の管理責任を有し，国内外に開かれた自由な研究・教育環境を維持する責任を負うことから，軍事的安全保障研究と見なされる可能性のある研究について，その適切性を目的，方法，応用の妥当性の観点から技術的・倫理的に審査する制度を設けるべきである．学協会等において，それぞれの学術分野の性格に応じて，ガイドライン等を設定することも求められる．

研究の適切性をめぐっては，学術的な蓄積にもとづいて，科学者コミュニティにおいて一定の共通認識が形成される必要があり，個々の科学者はもとより，各研究機関，各分野の学協会，そして科学者コミュニティが社会と共に真摯な議論を続けて行かなければならない．科学者を代表する機関としての日本学術会議は，そうした議論に資する視点と知見を提供すべく，今後も率先して検討を進めて行く．

March 24, 2017
Decided in the 243rd meeting of the Executive Council

Statement on Research for Military Security
Science Council of Japan

Science Council of Japan (SCJ) was established in 1949. The following year SCJ adopted a statement on its commitment to never become engaged in scientific research for war purposes, and in 1967, issued again a statement on its commitment to never become engaged in scientific research for military purposes, which included the same wording used in the 1950 statement. Behind these statements there existed remorse for the scientist community's past cooperation with war efforts and a deep concern for a possible resurgence of similar situations. In recent years, the distance between scientific research and military endeavors has been narrowing again. Therefore, by recognizing the tension between two sides, namely, academic freedom and a sound development of the sciences on one side, and research for national security employing military measures, in other words, research for military security conducted at universities and research institutions, on the other, we affirm the previous two statements.

What the scientist community should pursue, above all, is a sound development of the sciences through which it can respond to the responsibilities entrusted to it by society. Past experience demonstrates that scientific research is often restricted or mobilized especially by political powers. Therefore, autonomy of research, especially the unrestricted publication of research results, must be guaranteed. However, for military security research, there exist concerns that government intervention in the activities of researchers might become stronger in re-

gards to the direction of the research and the preservation of confidentiality during project periods and thereafter.

The Acquisition, Technology and Logistics Agency (ATLA) of the Ministry of Defense started a research funding program called National Security Technology Research Promotion (Anzenhoshougijutsu-kenkyuu-suisin-seido) in the fiscal year 2015. In this funding program, research proposals are invited and reviewed with a clear objective of awarding prospective projects which are likely to produce results useful to the future development of defense equipment. In addition, officials of the ATLA, not outside experts, administrate on-going research and their progress during funding periods. It should be pointed out that this funding program has many problems due to these governmental interventions into research. From the standpoint of a sound development of the sciences, funding should be increased further for research in civilian areas where autonomous research by scientists and unrestricted publication of research results are assured.

Contrary to the original intentions of scientists, research results may sometimes be diverted to military applications and for aggressive goals. Therefore, prudent judgment is required on sources of research funding and other conditions before actual research activities begin. Universities and research institutions are responsible for the management of their facilities, information, intellectual properties, and other resources, and for the preservation of unrestricted research and educational environments open to domestic and foreign nationals. Accordingly, each university or research institution should create a system to review research proposals that might be used for military security research for their appropriateness, both technologically and ethically, based on the validity of their research objectives, methods, and potential applications. Academic societies and other communities are required to develop guide-

lines depending upon the characteristics of their respective disciplines and fields.

As to appropriateness of the research, a shared understanding should be formed within the scientist community based on cumulative academic deliberations and judgments. Sincere discussions should be ongoing among not only respective scientists, but also universities, research institutions, academic societies, and the scientist community as a whole, and should be open to the rest of society. SCJ, an organization that represents the scientist community in Japan, will continue to lead deliberations on relevant issues to provide viewpoints and findings that contribute to this discussion.

資料－5

意見書兼口頭意見陳述申立書

2021年12月23日

（略）

はじめに

本書面は，上記「処分庁・決定」に記載したとおり，情報公開法3条に基づく行政文書開示請求に関して審査請求人が2021(令和3)年8月20日付で内閣総理大臣に提出した12通の審査請求書全て，及び行政機関個人情報保護法12条に基づく本人情報開示請求に関して審査請求人らが同日付で内閣総理大臣に対して提出した24通の審査請求書について，処分庁の提出にかかる上記諮問番号事件の各理由説明書に対する意見書として意見を述べ，審査請求の理由を補充するとともに口頭意見陳述を申し立てるものである．

本書面においては，情報公開法にかかる12通全て及び行政機関個人情報保護法にかかる24通全ての審査請求書に共通する意見書として，同一の書面を提出する．審査会において併合審査されるものと解されるが，審査請求人としても，5つの部署，合計12通及び24通の不開示又は一部不開示の決定書が，決してバラバラのものではなく，大きな一つの流れの中で各決定がなされているため，審査会及び諮問庁において，審査請求人の問題意識について共通認識を持っていただきたいと考える．

本意見書の主要な問題意識は，「6名の任命拒否を実質的に判断した者が杉田和博内閣官房副長官であることが明白であるにもかかわらず，その判断の根拠となった行政文書が，なぜ内閣官房において一律に，『保有していないため不存在』との理由で全部不開示とされるのか」というものである．不存在などということ

はあり得ない．

また，一部開示された行政文書については，文・段落・欄を単位として相互の関係性をふまえて，情報公開法5条各号該当性及び行政機関個人情報保護法14条各号該当性を判断するために，本書面末尾添付のとおり，いわゆるヴォーン・インデックスとして整理した不開示部分の項目ごとに判断を求めるものである．このヴォーン・インデックスをふまえて審査会におけるインカメラ審理による適正な判断を求める（以下「本件ヴォーン・インデックス」という．）．

以下，これらの問題に焦点を当てて，論じる．なお，略記等は審査請求書の例による．

（略）

第2　情報公開請求に関する理由説明書における「不存在」の理由に対する反論

――内閣官房内閣総務官決定（閣総583号・584号・585号），内閣官房副長官補決定（閣副790号・791号・792号），内閣府大臣官房長決定（府人728号），内閣府日本学術会議事務局長決定（府日学972号－2・972号－3）の違法性

1　問題の所在

以上のとおり，内閣官房，とりわけ杉田和博内閣官房副長官が本件任命拒否の実質的判断を行ったことは明らかである．

従って，副長官が任命しない6名を選び出すための資料を一度も持たなかったはずはない．また，6名を選び出すための資料としては，内閣府が開示した105名の会員候補者の経歴付きの名簿だけでは全く役に立たないことは明白であり，「総合的，俯瞰的」観点や「国民に理解される存在」か否かの観点（菅首相の10月28日衆議院所信表明演説に対する総括質疑等）から，6名を任命しないという学術会議史上前例のない判断を導き出すための文書が必ず存在するはずであり，国民はそうした文書の開示こそ求めているのである．

ところが，内閣官房副長官補は，本件任命拒否に関する行政文

書の開示請求すべてに対し，「作成及び取得をしておらず保有していないため(不存在)」を理由として不開示決定をし(閣副第790号・閣副第791号・閣副第792号)，内閣総務官も，「保有していないため(不存在)」を理由として不開示決定をした(閣総第583号・閣総第584号・閣総第585号)．内閣官房のこのような不開示決定理由は，到底納得できるものではない．

また，内閣官房の2部署は理由説明書において「日本学術会議任命に関する事務については内閣府が担当していることから内閣府において必要な文書が作成，保存されている．」と述べるが，内閣府大臣官房長は府人728号決定において本件任命拒否の根拠ないし理由がわかる文書を保有していないとし，内閣府日本学術会議事務局長は府日学972号－1及び同972号－2決定において本件任命拒否の根拠ないし理由がわかる文書も任命しなかった者がわかる文書も保有していないとし，理由説明書においてもそのことを繰り返している．しかし，任命拒否された6名を選び出す根拠となった文書や，任命拒否された者が誰かがわかる文書を，内閣官房も内閣府も保有していないことはあり得ないのであって，仮に内閣官房の主張するとおり関連文書は内閣府において保管しているのだとすれば，内閣府の2部署の不開示決定理由も納得できない．

情報公開法1条は，情報公開法の目的を，国民主権の理念にのっとり行政文書開示請求を権利として定めることにより，「政府の有するその諸活動を国民に説明する責務が全うされるようにするとともに，国民の的確な理解と批判の下にある公正で民主的な行政の推進に資すること」としている．また，公文書管理法1条は，「公文書等が，健全な民主主義の根幹を支える国民共有の知的資源として，主権者である国民が主体的に利用し得るものであること」を法の目的とし，その4条は「行政機関における経緯も含めた意思決定に至る過程」も含めて文書の作成を義務付けている．

内閣官房は，こうした情報公開法及び公文書管理法の目的が果

たされるよう行政文書を作成，保存，開示する義務があり，安易に「不存在」，「不開示」の決定をすることは許されない．

以上を前提に，内閣官房の不開示決定の違法性について以下補充し，理由説明書における不存在理由に対して反論する．そして同様の理は，内閣府の各機関の不存在決定についても当てはまる．

2 不開示の理由を具体的に提示すべきである
――解釈上不存在か，物理的不存在か

文書の不存在を理由とする不開示決定に際しては，単に対象文書を保有していないという事実を示すだけでは足りず，なぜ当該文書が存在しないかについても理由として付記することが求められる（情報公開・個人情報保護審査会令和2年度（行情）答申第107号，ほか多数）．

文書の不存在には，開示請求対象とされた文書自体は存在するが当該文書が解釈上「行政文書」に該当しないために不存在とされる「解釈上の不存在」と，行政文書は作成又は取得したが，廃棄したり亡失したり移管したなどによる「物理的不存在」があるところ，文書の不存在を理由とする不開示決定に際しては，そのどちらなのか明確にしたうえで理由を付記する必要がある．

ところが，内閣官房内閣総務官の不開示決定処分（閣総583号・584号・585号）の理由付記は，単に「保有していないため（不存在）」と記載するのみであり，なぜ当該文書が存在しないかについて全く記載していない．

また，内閣官房副長官補の不開示決定処分（閣副790号・791号・792号）の理由付記は，「作成及び取得をしておらず保有していないため（不存在）」と記載しており，内閣総務官の決定と異なり「作成及び取得をしておらず」の文言があるものの，作成及び取得をしていないことの意味が，「解釈上の不存在」なのか，それとも「物理的不存在」なのかが全くわからない．

そもそも，「解釈上の不存在」についても「物理的不存在」についても，情報公開法の目的に鑑み，厳格に判断される必要が

ある．

以下，法令上及び実務上論じられている「行政文書」の解釈論及び「不存在」の立証責任論を通じ，本件各決定における不開示理由の提示が不適切であることについて主張を補充する．

3 「行政文書」の解釈

「行政文書」とは，「行政機関の職員が職務上作成し，又は取得した文書，図画及び電磁的記録（電磁的方式，磁気的方式その他人の知覚によっては認識することができない方式で作られた記録をいう．以下同じ．）であって，当該行政機関の職員が組織的に用いるものとして，当該行政機関が保有しているものをいう．」（情報公開法2条2項本文及び公文書管理法2条4項）．

(1) 「組織的に用いる」の意味

「組織的に用いる」とは，作成又は取得に関与した職員個人の段階のものではなく，組織としての共用文書の実質を備えた状態，すなわち，当該行政機関の組織において，業務上必要なものとして，利用又は保存されている状態のものを意味する．したがって，①職員が単独で作成し，又は取得した文書であって，専ら自己の職務の遂行の便宜のためにのみ利用し，組織としての利用を予定していないもの（自己研鑽のための研究資料，備忘録等），②職員が自己の職務の遂行の便宜のために利用する正式文書と重複する当該文書の写し，③職員の個人的な検討段階に留まるもの（決裁文書の起案前の職員の検討段階の文書等．なお，担当職員が原案の過程で作成する文書であっても，組織において業務上必要なものとして保存されているものは除く．）などは，組織的に用いるものには該当しない．

作成又は取得された文書が，どのような状態にあれば組織的に用いるものと言えるかについては，①文書の作成又は取得の状況（職員個人の便宜のためにのみ作成又は取得するものであるかどうか，直接的又は間接的に当該行政機関の長等の管理監督者の指示等の関与があったものであるかどうか）②当該文書の利用の状況（業務上必要として他の職員又は部外に配付されたものであるかどうか，他の職員がその職務上

利用しているものであるかどうか)，③保存又は廃棄の状況(専ら当該職員の判断で処理できる性質の文書であるかどうか，組織として管理している職員共用の保存場所で保存されているものであるかどうか)などを総合的に考慮して実質的な判断を行うこととなる．

どの段階から組織として共用文書たる実質を備えた状態になるかについては，例えば，①決裁を要するものについては起案文書が作成され，稟議に付された時点，②会議に提出した時点，③申請書等が行政機関の事務所に到達した時，④組織として管理している職員共用の保存場所に保存した時点等が1つの目安となる．

(2)「保有しているもの」の解釈

「保有しているもの」とは，所持している文書をいう．

「所持」とは，物を事実上支配している状態をいい，当該文書を書庫等で保管し，又は倉庫業者等をして保管させている場合にも，当該文書を事実上支配(当該文書の作成，保存，閲覧・提供，移管・廃棄等の取扱いを判断する権限を有していること．なお，例えば，法律に基づく調査権限により関係人に対し帳簿書類を提出させこれを留め置く場合に，当該行政文書については返還することとなり，廃棄はできないなど，法令の定めにより取扱いを判断する権限について制限されることはあり得る．)していれば，「所持」に該当し，保有しているということができる．

4　主張立証責任について

(1) 解釈上不存在の場合の主張立証責任は行政主体が負う

開示請求対象とされた文書が，例えば個人的メモであって組織共用文書とは言えないなど，物理的には存在するが行政文書ではないために存在しないとされる場合，当該文書の作成経緯，保管状況，記載内容等について，開示請求者が主張立証することは困難であるから，物理的には存在するが解釈上不存在であることの主張立証責任は行政主体が負う(さいたま地判平成15年7月9日判例地方自治259号18頁など)．

(2) 物理的不存在の場合，開示請求者が過去のある時点における

保有を主張立証すれば，不開示決定時に保有が失われたことの主張立証責任は行政主体が負う－東京地判平成 22 年 4 月 9 日の先例拘束性

開示請求対象文書が物理的不存在の場合の主張立証責任について，沖縄密約訴訟における東京地判平成 22 年 4 月 9 日判時 2076 号 19 頁は，以下のとおり判示する.

「当該行政文書が，当該行政機関の職員が組織的に用いるものとして一定水準以上の管理体制下に置かれることを考慮すれば，原告である開示請求者において上記①(過去のある時点において，当該行政機関の職員が当該行政文書を職務上作成し，又は取得し，当該行政機関がそれを保有するに至ること－引用者注)を主張立証した場合には，上記②(その状態がその後も継続していること－引用者注)が事実上推認され，被告において，当該行政文書が上記不開示決定の時点までに廃棄，移管等されたことによってその保有が失われたことを主張立証しない限り，当該行政機関は上記不開示決定の時点においても当該行政文書を保有していたと推認されるものというべきである.」

この事例は，沖縄返還密約文書の公開請求に対する不開示決定時(2008 年 10 月 2 日)の原処分を争ったものであるが，その後の公文書管理法の制定・施行という憲法政策的展開においては，最判平成 26 年 7 月 14 日判時 2242 号 51 頁は事例判断としてのみ位置付けられ，前掲東京地判平成 22 年 4 月 9 日の判示する事実上の推認基準としての上記①及び②が公文書管理法 4 条以下の文書の作成保存義務に基づく推認として，これを否定する行政機関の合理的理由のない限り，行政文書の存在が事実上の推認として認められるものとして，先例拘束性を具備するものと解せられる.

多くの学説も，このような解釈を支持している(西口元「判批」判タ別冊 32 号(2011 年)360 頁は，「本判決の判断手法は，法律要件分類説に従い，民事訴訟における主張立証責任の処理に関する実務の大勢に従ったものであって，けっして目新しいものとはいえない」と評する．宇賀克也「判批」判評 623 号(2011 年)2 頁は，「『密約』に関する文書である以上，

そもそも文書管理規程の下での管理外に置かれていた可能性があり，また，文書管理規程に基づく正規の手続によらずに，その秘匿状態を絶対的なものとする意図の下，既に廃棄されている可能性もある．しかし，そのような事情については被告が主張立証する必要がある」とする．三宅裕一郎「判批」法セミ672号(2010年)120頁は，裁判所が本件の目的を「民主主義国家における国民の知る権利の実現」と捉えていた点を高く評価する.)．

(3) 行政文書管理ガイドラインをふまえた内閣官房行政文書管理規則に基づく行政文書の存在の推定

そのような見解をもふまえて，いわゆる森友学園に係る財務省の土地売買交渉記録の廃棄問題などを契機として，2017年12月25日に改正された行政文書管理ガイドラインにおいて，「別表第1に掲げる事項に関する業務に係る政策立案や事務及び事業の実施の方針等に影響を及ぼす打合せ等(以下「打合せ等」という.)の記録については，文書を作成するものとする.」という規定が新たに設けられた(行政文書管理ガイドライン第3)．また，保存期間を定めるにあたっては，「歴史公文書等に該当しないものであっても，行政が適正かつ効率的に運営され，国民に説明する責務が全うされるよう，意思決定過程や事務及び事業の合理的な跡付けや検証に必要となる行政文書については，原則として1年以上の保存期間を定めるものとする.」とされ(同ガイドライン第4，3，(5))，さらに，念入りに，「通常は1年未満の保存期間を設定する類型の行政文書であっても，重要又は異例な事項に関する情報を含む場合など，合理的な跡付けや検証に必要となる行政文書については，1年以上の保存期間を設定するものとする.」ことが定められているのである(同第4，3，(7))(内閣府大臣官房公文書管理課職員らによる公文書管理研究会編『実務担当者のための逐条解説公文書管理法・施行令』(ぎょうせい，2019年)34，35，279頁)．加えて，留意事項として，上記「重要又は異例な事項」については，「ある業務については，通常とは異なる取扱いをした場合(例：通常専決処理される事務について，本来の決裁権者まで確認を求めた場合)等が想定されるものであり，そのような案件に係る情報を含む行政文書については，通常

は1年未満の保存期間を設定する類型のものであっても，合理的な跡付けや検証に必要となるものについて，1年以上の保存期間を設定するものとする.」と定めているのである(上掲書283頁).

そして，内閣官房の行政文書管理規則は，この行政文書管理ガイドラインを条項化しているのである.

それゆえ，公文書管理法4条，行政文書管理ガイドライン第3，第4，3，(5)，(7)，及び留意事項，これを条項化した内閣官房の行政文書管理規則に従えば，当然のことながら，「重要又は異例の取扱いに係る」本件任命拒否に係る行政文書は，内閣官房に存在することが推定されるというべきである.

5　本件不開示決定の違法性

(1)　組織的共用文書－「解釈上の不存在」はあり得ない

本件では，杉田官房副長官が9月24日付文書で「外すべき者」を指示したことが明らかであるから，「外すべき者」の実質的決定に杉田副長官が関与したことは疑いない.

上記の実質的決定が，杉田副長官単独でなされたものか，複数の者が参加する会議でなされたものかは明らかでない．前例のない重大な国家的意思決定であるから，通常であれば副長官単独の決定とは考えにくいが，本件任命拒否の特異性に鑑みるならば，単独で決定した可能性もある.

しかし，会議体で決定した場合はもちろんのこと，副長官単独で決定したとしても，「外すべき者」の指示は内閣府の決裁文書に直ちに反映された重大な意思決定である．従って，「外すべき者」の意思決定に至る過程で作成された文書やその資料とされた文書は，決して杉田副長官が個人の便宜のために作成又は取得したメモの類のものではなく，組織としての共用文書すなわち行政文書である.

そればかりか，杉田副長官には，「外すべき者」の意思決定に至る過程を合理的に跡付け，又は検証することができる文書を作成すべき義務がある(公文書管理法4条)．従って，こうした文書を

作成することなく「外すべき者」を選んだのだとすれば，それ自体違法である．

従って，内閣官房においては，本件任命拒否の理由ないし根拠がわかる行政文書が少なくとも一度は作成又は取得されたと言うべきであり，「解釈上の不存在」はあり得ない．副長官補の不開示理由に「作成及び取得をしておらず」と記載されているが，その理由は「行政文書」の解釈に照らして成り立ち得ず，不開示決定は違法の可能性が高い．

仮に不開示決定を維持し，「解釈上の不存在」を理由とするのであれば，前述の主張立証責任論に基づき，どのような文書が存在し，それがなぜ「行政文書」に該当しないのか，国民に理解できるよう，具体的な理由を付記すべきである．

(2)「物理的不存在」を理由とする場合

物理的不存在を理由とする場合には，元々何らの文書も作成取得していないのか，それとも解釈上行政文書というべき文書を一度は作成又は取得したことがあるが，廃棄，亡失，移管などにより保有していないのか等について，具体的に理由を付記すべきである．

繰り返し述べてきたとおり，「外すべき者」6名を選び出した杉田副長官が，何らの行政文書を一度も作成，取得，保有したことがないとは，およそ考えられない．前述した「保有しているもの」の解釈のとおり，仮に手元に置いていなくても，当該文書の作成，保存，閲覧・提供，移管・廃棄等の取扱いを判断する権限を有することによって当該文書を事実上支配できる状態にあれば，「保有」は認められるのである．

そして，前述の主張立証責任論によれば，行政主体が一度は行政文書を作成又は取得したことを情報公開請求人(審査請求人)が主張立証すれば，行政主体が情報公開請求時にも保有を継続していることが推認され，保有していないことの立証責任は行政主体側に移る．

審査請求人は，杉田副長官が「外すべき者」を指示した9月

24日付伝達記録により，副長官が本件任命拒否にかかる6名を選び出す判断をしたこと，従って，その意思決定過程に関わる行政文書を副長官が一度は作成又は取得して保有したことを主張立証したものである．さらなる立証が必要であれば，本意見書では触れなかったが，2020（令和2）年臨時国会（第203回国会）における菅内閣総理大臣及び加藤官房長官の答弁等により，杉田副長官が実質的決定をしたことの立証は容易である．

従って，内閣官房が物理的不存在を理由として不開示決定をするのであれば，その理由として，「保有を失った具体的理由」を提示すべきである．

6　小括

以上のとおり，内閣官房内閣総務官決定（閣総583号・584号・585号），内閣官房副長官補決定（閣副790号・791号・792号），内閣府大臣官房長決定（府人728号），内閣府日本学術会議事務局長決定（府日学972号－2・972号－3）は，処分庁の理由説明書における文書不存在の理由については，いずれも不開示理由の提示が著しく不十分であるため行政手続法8条1項及び情報公開法9条2項に反し違法であるから，本件不開示決定処分を取り消すことを求める．

情報公開・個人情報保護審査会は，処分庁における文書の存在を調査した上で，存在する行政文書について，情報公開法5条各号の不開示事由に該当しないこととして，当該行政文書を審査請求人に開示するよう再考を指示することを求めるべきである．

なお，上記各決定に対する各審査請求書の「結論」部分に記載したとおり，裁判所は釈明処分の特則として，「処分の理由を明らかにする資料であって当該行政庁が保有するものの全部又は一部の提出を求めること」等ができるから（行政事件訴訟法23条の2），処分庁における文書の存在の調査は，単なる口頭報告で処理されるのではなく，釈明処分が機能する程度までに調査報告書をもって同審査会に報告されることを求める．

（略）

最後に

本件は，実質的任命権はないとされてきた内閣総理大臣が，理由も明らかにしないまま，6名の学術会議会員候補者の任命を拒否したという前代未聞の事件において，6名の学者の任命を拒否した理由・根拠を明らかにする行政文書の開示を求めるものであり，社会においても，本件任命拒否は将来にわたり国民の学問，言論，表現，思想，信条の自由に深刻な影響を及ぼすおそれのあるものと受け止められ，本件審査請求についても極めて高い関心が持たれているところである．従って，審査請求人は本件審査請求について，最善を尽くす決意である．

ところが，12月2日付の「理由説明書の写しの送付及び意見書又は資料の提出について（通知）」（36通）において，意見書又は資料の提出期限が12月23日（木）とされており，意見書・資料の作成，準備期間としてはあまりにも短期間であったとの思いを否めない．

従って，審査請求人は，今後も追加の意見書及び資料を提出することを希望している．審査会のご理解を賜りたい．

なお今回は，さしあたっての資料として，『世界』2021年12月号に掲載された任命拒否された6名の論稿と，日本弁護士連合会の意見書を提出する．上記『世界』は，6名が学術的にも人格的にも優れた学者であることを裏付けると共に，同書は発行早々に完売されたとのことであり，本件任命拒否に対する社会的関心の高さが改めて示されたものである．

以上

（略）

資料

1 「日本学術会議会員任命拒否の違法状態の是正を求める意見

書」
(2021年(令和3年)11月16日　日本弁護士連合会)

2 『世界』951号(2021年12月1日発行)
特集「学知と政治」に，芦名定道，宇野重規，岡田正則，小沢隆一，加藤陽子，松宮孝明各氏の論文が掲載されている(76頁〜128頁).

関連年表

年	事　項
1948	日本学術会議法公布．前文「日本学術会議は，科学が文化国家の基礎であるという確信に立つて，科学者の総意の下に，わが国の平和的復興，人類社会の福祉に貢献し，世界の学界と連携して学術の進歩に寄与することを使命とし，ここに設立される」
1949	日本学術会議の設置(選挙制)
1950	4月28日　日本学術会議，第6回総会声明「戦争を目的とする科学の研究には絶対従わない決意の表明」(1950年声明)を発表
1967	10月20日　日本学術会議，第49回総会声明「軍事目的のための科学研究を行なわない声明」(1967年声明)を発表
1983	日本学術会議法改正(学術会議会員の選任を選挙制から学協会推薦制へ変更)．中曽根康弘首相，任命権について答弁(「首相が持つのはあくまで形式的な任命権であって会議の推薦が尊重される」との法解釈が確定する)
1984	改正日本学術会議法施行(～2005年)
	日本学術会議，吉川弘之会長と副会長・7部長からなる「日本学術会議の在り方に関する委員会」を設置
2004	日本学術会議法改正(会員の選任を学協会推薦制から自己選考(co-optation)方式へ変更，会員定数は210人，6年任期で3年ごとに半数を改選する)
2005	改正日本学術会議法施行
2008	4月8日　日本学術会議，第152回総会声明「日本学術会議憲章」を公表
2012	12月26日　第二次安倍晋三内閣発足(菅義偉内閣官房長官，杉田和博内閣官房副長官)
2015	9月19日　安保関連法成立
	10月1日　防衛装備庁の設置(2015年度に発足した安全保障

	技術研究推進制度を引き継ぐ)
2017	3月24日　日本学術会議，声明「軍事的安全保障研究に関する声明」を発表
	第24期105人の新会員が任命される
2018	10月　補充人事「調整」拒否
	11月13日　「推薦のとおりに任命すべき義務があるとまでは言えない」との内閣府内部文書(「日本学術会議法第17条による推薦と内閣総理大臣による会員の任命との関係について」)作成，内閣法制局了解
2020	6月1日　日本学術会議事務局長によって「日本学術会議25期改選の方向性について」と題する文書が提出される(情報開示請求により一部公開)
	8月31日　学術会議会員候補者105人の正式な推薦書が内閣総理大臣に提出される(情報開示請求により一部公開)
	9月16日　菅義偉内閣が発足
	9月24日　「外すべき者(副長官から)R 2. 9. 24」と題された文書が作成される(情報開示請求により一部公開)．99人を任命する決裁文書が起案され，28日に決裁される(情報開示請求により一部公開)
	9月29日　日本学術会議事務局より，第25期新会員候補のうち6人に自身の任命が拒否されたことの連絡が入る
	10月1日　菅義偉首相が日本学術会議の会員候補者105人のうち，人文・社会科学分野の研究者6人の任命を拒否
	10月2日　学術会議が，任命しない理由の説明と6人の任命を求める要望書の提出を決定
	10月16日　菅首相と梶田隆章日本学術会議会長が初会談
	11月6日　人文・社会科学系学協会，「日本学術会議第25期推薦会員任命拒否に関する人文・社会科学系学協会共同声明」を発表
	11月26日　井上信治科学技術担当大臣が「国の機関からの切り離しも含めた検討」を梶田会長に要請
	12月9日　自民党プロジェクトチーム「政策決定における

	アカデミアの役割に関する検討プロジェクトチーム(PT)」が「政府から独立した組織」とするよう求める提言をまとめる
2021	1月28日　日本学術会議幹事会，声明「日本学術会議会員任命問題の解決を求めます」を発表
	2月27日　学術フォーラム「危機の時代におけるアカデミーと未来」開催
	4月22日　日本学術会議，第182回総会で声明「日本学術会議会員任命問題の解決を求めます」と「日本学術会議のより良い役割発揮に向けて」を決定，組織のあり方について「変更する積極的理由を見出すことは困難」とする報告をまとめる
	4月26日　法律家(法学者と弁護士)1162人が，任命拒否の理由を明らかにするため，内閣府や内閣官房に情報開示請求書を提出．同時期に，任命されなかった6人の研究者が，同趣旨で自己情報開示請求書を提出
	5月20日　政府の総合科学技術・イノベーション会議(CSTI)の有識者議員らが，「日本学術会議の在り方に関する政策討議」を開始
	6月28日　政府が，法律家1162人による情報開示請求と任命拒否対象とされた6人による自己情報開示請求に対し，「任命拒否の根拠となる文書は保有していない」(文書不存在)や「文書が存在するかどうかも答えない」(存否応答拒否)などと，不開示決定の回答
	8月20日　情報公開請求・自己情報開示請求に対する不開示決定について，法律家および6人が内閣総理大臣に審査請求を申し立てる
	9月30日　梶田日本学術会議会長，「推薦した候補が任命されず，理由さえ説明されない状態が長期化していることは，科学と政治との信頼醸成と対話を困難にする」との談話を発表
	10月4日　岸田文雄内閣発足，直後に「任命拒否事件」は前総理が最終判断したものとして，一連の手続きは終了しているとの認識を示す

	12月3日　日本学術会議，総会で6人の任命を求めるため，会長の首相との面会を要望することを決定
2022	1月13日　岸田文雄首相と梶田会長が初会談．首相は任命について拒否する一方，学術会議側と「未来志向の対話」を始めたいと述べる
	1月21日　CSTIによる「日本学術会議の在り方に関する政策討議取りまとめ」が公刊される
	3月16日　梶田会長が松野博一官房長官と初会談するも進展はなし
2023	10月1日　日本学術会議，半数の会員の入れ替え(予定)
2026	日本学術会議，2020年任命会員の任期終了(予定)

(参考)全国紙，NHKや民放各局，日本学術会議等のウェブサイトのほか，情報公開・個人情報保護審査会に向けた「意見書兼口頭意見陳述申立書」などを参照して作成した．

著者紹介

芦名定道

1956年生まれ．京都大学名誉教授，関西学院大学教授．キリスト教思想．『近代日本とキリスト教思想の可能性――二つの地平が交わるところにて』（三恵社），『現代神学の冒険――新しい海図を求めて』（新教出版社）など

宇野重規

1967年生まれ．東京大学社会科学研究所教授．政治思想史，政治哲学．『〈私〉時代のデモクラシー』（岩波新書），『自分で始めた人たち――社会を変える新しい民主主義』（大和書房）など

岡田正則

1957年生まれ．早稲田大学法学学術院教授．行政法．『国の不法行為責任と公権力の概念史――国家賠償制度史研究』（弘文堂），『判例から考える行政救済法 第2版』（共編著，日本評論社）など

小沢隆一

1959年生まれ．東京慈恵会医科大学教授．憲法学．『予算議決権の研究――フランス第三共和制における議会と財政』（弘文堂），『はじめて学ぶ日本国憲法』（大月書店）など

加藤陽子

1960年生まれ．東京大学大学院人文社会系研究科教授．日本近代史．『満州事変から日中戦争へ――シリーズ日本近現代史⑤』（岩波新書），『この国のかたちを見つめ直す』（毎日新聞出版）など

松宮孝明

1958年生まれ．立命館大学大学院法務研究科教授．刑事法学．『刑法総論講義 第5版補訂版』（成文堂），『先端刑法 各論――現代刑法の理論と実務』（日本評論社）など

学問と政治
学術会議任命拒否問題とは何か　岩波新書(新赤版)1925

2022年4月20日　第1刷発行
2023年7月5日　第4刷発行

著　者　芦名定道《あしなさだみち》　宇野重規《うのしげき》　岡田正則《おかだまさのり》
小沢《おざわ》 隆一《りゅういち》　加藤陽子《かとうようこ》　松宮孝明《まつみやたかあき》

発行者　坂本政謙

発行所　株式会社 岩波書店
〒101-8002 東京都千代田区一ツ橋2-5-5
案内 03-5210-4000　営業部 03-5210-4111
https://www.iwanami.co.jp/

新書編集部 03-5210-4054
https://www.iwanami.co.jp/sin/

印刷製本・法令印刷　カバー・半七印刷

ISBN 978-4-00-431925-2　Printed in Japan

岩波新書新赤版一〇〇〇点に際して

ひとつの時代が終わったと言われて久しい。だが、その先にいかなる時代を展望するのか、私たちはその輪郭すら描きえていない。二〇世紀から持ち越した課題の多くは、未だ解決の緒を見つけることのできないままであり、二一世紀が新たに招きよせた問題も少なくない。グローバル資本主義の浸透、憎悪の連鎖、暴力の応酬——世界は混沌として深い不安の只中にある。

現代社会においては変化が常態となり、速さと新しさに絶対的な価値が与えられた。消費社会の深化と情報技術の革命は、種々の境界を無くし、人々の生活やコミュニケーションの様式を根底から変容させてきた。ライフスタイルは多様化し、一面では個人の生き方をそれぞれが選びとる時代が始まっている。同時に、新たな格差が生まれ、様々な次元での亀裂や分断が深まっている。社会や歴史に対する意識が揺らぎ、普遍的な理念に対する根本的な懐疑や、現実を変えることへの無力感がひそかに根を張りつつある。そして生きることに誰もが困難を覚える時代が到来している。

しかし、日常生活のそれぞれの場で、自由と民主主義を獲得し実践することを通じて、私たち自身がそうした閉塞を乗り超え、希望の時代の幕開けを告げてゆくことは不可能ではあるまい。そのために、いま求められていること——それは、個と個の間で開かれた対話を積み重ねながら、人間らしく生きることの条件について一人ひとりが粘り強く思考することではないか。その営みの糧となるものが、教養に外ならないと私たちは考える。歴史とは何か、よく生きるとはいかなることか、世界そして人間はどこへ向かうべきなのか——こうした根源的な問いとの格闘が、文化と知の厚みを作り出し、個人と社会を支える基盤としての教養となった。まさにそのような教養への道案内こそ、岩波新書が創刊以来、追求してきたことである。

岩波新書は、日中戦争下の一九三八年一一月に赤版として創刊された。創刊の辞は、道義の精神に則らない日本の行動を憂慮し、批判的精神と良心的行動の欠如を戒めつつ、現代人の現代的教養を刊行の目的とする、と謳っている。以後、青版、黄版、新赤版と装いを改めながら、合計二五〇〇点余りを世に問うてきた。そして、いままた新赤版が一〇〇〇点を迎えたのを機に、人間の理性と良心への信頼を再確認し、それに裏打ちされた文化を培っていく決意を込めて、新しい装丁のもとに再出発したいと思う。一冊一冊から吹き出す新風が一人でも多くの読者の許に届くこと、そして希望ある時代への想像力を豊かにかき立てることを切に願う。

（二〇〇六年四月）

政治

- 「オピニオン」の政治思想史　堤林剣・堤林恵
- 戦後政治史〔第四版〕　石川真澄・山口二郎
- 尊厳　マイケル・ローゼン　内尾太一・峯陽一 訳
- デモクラシーの整理法　空井護
- 地方の論理　小磯修二
- SDGs　南博・稲場雅紀
- 暴君　スティーブン・グリーンブラット　河合祥一郎 訳
- ドキュメント 強権の経済政策　軽部謙介
- リベラル・デモクラシーの現在　樋口陽一
- 民主主義は終わるのか　山口二郎
- 女性のいない民主主義　前田健太郎
- 平成の終焉　原武史
- 日米安保体制史　吉次公介
- 官僚たちのアベノミクス　軽部謙介
- 在日米軍 変貌する日米安保体制　梅林宏道
- 矢内原忠雄 戦争と知識人の使命　赤江達也
- 憲法改正とは何だろうか　高見勝利
- 共生保障〈支え合い〉の戦略　宮本太郎
- シルバー・デモクラシー 戦後世代の覚悟と責任　寺島実郎
- 憲法と政治　青井未帆
- 18歳からの民主主義◆　岩波新書編集部編
- 検証 安倍イズム　柿崎明二
- 右傾化する日本政治　中野晃一
- 外交ドキュメント 歴史認識◆　服部龍二
- 日米〈核〉同盟 原爆、核の傘、フクシマ　太田昌克
- 集団的自衛権と安全保障　豊下楢彦・古関彰一
- 日本は戦争をするのか　半田滋
- アジア力の世紀　進藤榮一
- 民族紛争　月村太郎
- 自治体のエネルギー戦略　大野輝之
- 政治的思考　杉田敦
- 現代日本の政党デモクラシー　中北浩爾
- サイバー時代の戦争　谷口長世
- 現代中国の政治　唐亮
- 政権交代とは何だったのか◆　山口二郎
- 日本の国会　大山礼子
- 戦後政治史〔第三版〕　石川真澄・山口二郎
- 〈私〉時代のデモクラシー　宇野重規
- 大臣〔増補版〕　菅直人
- 生活保障 排除しない社会へ　宮本太郎
- 「戦地」派遣 変わる自衛隊　半田滋
- 民族とネイション　塩川伸明
- 昭和天皇　原武史
- 集団的自衛権とは何か　豊下楢彦
- 沖縄密約　西山太吉
- 吉田茂　原彬久
- 市民の政治学◆　篠原一
- 東京都政　佐々木信夫
- 有事法制批判　憲法再生フォーラム編

岩波新書より

日本政治 再生の条件 山口二郎編著
安保条約の成立 豊下楢彦
沖縄 平和の礎 大田昌秀
岸 信介 原 彬久
近代政治思想の誕生 佐々木毅
一九六〇年五月一九日 日高六郎編
人間と政治◆ 南原 繁
非武装国民抵抗の思想 宮田光雄
日本の政治風土 篠原 一
近代の政治思想 福田歓一
戦争と気象 荒川秀俊

(2021.10) ◆は品切，電子書籍版あり． (A2)

法律

少年法入門　廣瀬健二
倒産法入門　伊藤眞
国際人権入門　申惠丰
AIの時代と法　小塚荘一郎
労働法入門〔新版〕　水町勇一郎
アメリカ人のみた日本の死刑　デイビッド・T・ジョンソン　笹倉香奈訳
虚偽自白を読み解く　浜田寿美男
親権と子ども　榊原富士子　池田清貴
裁判の非情と人情　原田國男
独占禁止法〔新版〕　村上政博
密着 最高裁のしごと　川名壮志
「法の支配」とは何か 行政法入門　大浜啓吉
会社法入門〔新版〕　神田秀樹
憲法への招待〔新版〕　渋谷秀樹
比較のなかの改憲論　辻村みよ子
大災害と法　津久井進
変革期の地方自治法　兼子仁
原発訴訟　海渡雄一
民法改正を考える◆　大村敦志
労働法入門◆　水町勇一郎
人が人を裁くということ　小坂井敏晶
知的財産法入門　小泉直樹
消費者の権利〔新版〕　正田彬
司法官僚 裁判所の権力者たち　新藤宗幸
名誉毀損　山田隆司
刑法入門　山口厚
家族と法　二宮周平
会社法入門◆　神田秀樹
憲法とは何か　長谷部恭男
良心の自由と子どもたち　西原博史
著作権の考え方　岡本薫
法とは何か〔新版〕　渡辺洋三
日本の憲法〔第三版〕　長谷川正安
憲法と天皇制　横田耕一
自由と国家　樋口陽一
憲法第九条　小林直樹
日本人の法意識　川島武宜
憲法講話◆　宮沢俊義

(2021.10)　◆は品切，電子書籍版あり．　(B)

岩波新書より

社会

ジョブ型雇用社会とは何か　濱口桂一郎
法医学者の使命 「人の死を生かす」ために　吉田謙一
異文化コミュニケーション学　鳥飼玖美子
モダン語の世界へ　山室信一
時代を撃つノンフィクション100　佐高信
労働組合とは何か　木下武男
プライバシーという権利　宮下紘
地域衰退　宮﨑雅人
江戸問答　田中優子 松岡正剛
広島平和記念資料館は問いかける　志賀賢治
コロナ後の世界を生きる　村上陽一郎編
リスクの正体　神里達博
紫外線の社会史　金凡性
「勤労青年」の教養文化史　福間良明

5G 次世代移動通信規格の可能性　森川博之
客室乗務員の誕生　山口誠
「孤独な育児」のない社会へ　榊原智子
放送の自由　川端和治
社会保障再考 〈地域〉で支える　菊池馨実
生きのびるマンション　山岡淳一郎
虐待死 なぜ起きるのか、どう防ぐか　川崎二三彦
平成時代　吉見俊哉
バブル経済事件の深層　奥山俊宏 村山治
日本をどのような国にするか　丹羽宇一郎
なぜ働き続けられない? 社会と自分の力学　鹿嶋敬
物流危機は終わらない　首藤若菜
認知症フレンドリー社会　徳田雄人
アナキズム 一丸となってバラバラに生きろ　栗原康
まちづくり都市 金沢　山出保
総介護社会　小竹雅子
賢い患者　山口育子

住まいで「老活」　安楽玲子
現代社会はどこに向かうか　見田宗介
EVと自動運転 クルマをどう変えるか　鶴原吉郎
ルポ 保育格差　小林美希
棋士とAI　王銘琬
科学者と軍事研究　池内了
原子力規制委員会　新藤宗幸
東電原発裁判　添田孝史
日本問答　田中優子 松岡正剛
日本の無戸籍者　井戸まさえ
〈ひとり死〉時代のお葬式とお墓　小谷みどり
町を住みこなす　大月敏雄
歩く、見る、聞く 人びとの自然再生　宮内泰介
対話する社会へ　暉峻淑子
悩みいろいろ　金子勝
魚と日本人 食と職の経済学　濱田武士
ルポ 貧困女子　飯島裕子

岩波新書より

東京国税局査察部　立石勝規
バリアフリーをつくる　光野有次
ドキュメント 屠場　鎌田慧
能力主義と企業社会　熊沢誠
現代社会の理論　見田宗介
原発事故を問う　七沢潔
災害救援　野田正彰
スパイの世界　中薗英助
都市開発を考える　大野輝之 レイコ・ハベ・エバンス
ディズニーランドという聖地　能登路雅子
原発はなぜ危険か　田中三彦
豊かさとは何か　暉峻淑子
農の情景　杉浦明平
異邦人は君ヶ代丸に乗って　金賛汀
読書と社会科学　内田義彦
科学文明に未来はあるか　野坂昭如編著
文化人類学への招待◆山口昌男
ビルマ敗戦行記　荒木進
プルトニウムの恐怖　高木仁三郎

日本の私鉄　和久田康雄
社会科学における人間　大塚久雄
沖縄ノート　大江健三郎
音から隔てられて　入谷仙介 林瓢介編
民話　関敬吾
唯物史観と現代〔第二版〕　梅本克己
民話を生む人々　山代巴
死の灰と闘う科学者　三宅泰雄
米軍と農民　阿波根昌鴻
沖縄からの報告　瀬長亀次郎
結婚退職後の私たち　塩沢美代子
暗い谷間の労働運動　大河内一男
ユダヤ人　J-P・サルトル 安堂信也訳
社会認識の歩み　内田義彦
社会科学の方法　大塚久雄
自動車の社会的費用◆宇沢弘文
上海　殿木圭一
現代支那論　尾崎秀実

(2021.10)　◆は品切，電子書籍版あり．(D4)

岩波新書/最新刊から

1972 **まちがえる脳** 櫻井芳雄 著

人がまちがえるのは脳がいいかげんなせい。だからこそ新たなアイデアを創造する。脳の真の姿を最新の研究成果から知ろう。

1973 **敵対的買収とアクティビスト** 太田 洋 著

多くの日本企業がアクティビスト(物言う株主)による買収の脅威にさらされるなか、彼らと対峙してきた弁護士が対応策を解説。

1974 **持続可能な発展の話** —「みんなのもの」の経済学— 宮永健太郎 著

サヨナラ、持続(不)可能な発展——。「みんなのもの」という視点から、SDGsの次の時代における人類と日本の未来を読み解く。

1975 **皮革とブランド** 変化するファッション倫理 西村祐子 著

ファッションの必需品となった革製品は、自然破壊、動物愛護、大量廃棄といった倫理的な問題とどう向き合ってきたのか。

1919 シリーズ 歴史総合を学ぶ③ **世界史とは何か** —「歴史実践」のために— 小川幸司 著

講座『世界歴史』編集委員も務める世界史教員の著者による、世界史を引き受け自分を磨く、シリーズ「最終講義」を贈る。

1976 カラー版 **名画を見る眼Ⅰ** —油彩画誕生からマネまで— 高階秀爾 著

西洋美術史入門の大定番。レオナルド、フェルメール、ゴヤなど、絵画を楽しむための基礎を示し、読むたびに新しい発見をもたらす。

1977 カラー版 **名画を見る眼Ⅱ** —印象派からピカソまで— 高階秀爾 著

モネ、ゴッホ、マティス……、近代絵画は短い間に急激に変化を遂げた。名画の魅力を論じながら、その歴史に迫る西洋美術史入門。

1978 **読み書きの日本史** 八鍬友広 著

古代における漢字の受容から、往来物による学び、近世の文字文化、近代学校の成立まで。リテラシーの社会的意味を広くとらえる通史。

(2023.7)